BETTERAVE

ASSOCIATION AMICALE ET DU NORD DES ENFANTS DU NORD PAS DE CALAIS

ASSOCIATION AMICALE DES ENFANTS DU NORD PAS DE CALAIS

d'après mon Père
Gabrielle Wiarts

FÊTE DU 9 DECEMBRE 1901

Théatre National de l'Opéra-Comique

(NOUVELLE SALLE FAVART)

Direction de M. ALBERT CARRÉ

LUNDI 9 DÉCEMBRE 1901

EN MATINÉE

Grande Fête Septentrionale

DONNÉE PAR

l'Association amicale des Enfants du Nord et du Pas-de-Calais

(LA BETTERAVE)

AU BÉNÉFICE DES

ŒUVRES SEPTENTRIONALES DE BIENFAISANCE

Programme

AVEC ILLUSTRATIONS DE

Mme M.-G. LAMI.   M. J.-J. WEERTS.

MM. Florent BURET, E. CHIGOT, Léon COMERRE,
Henri-E. DELACROIX, Van DRIESTEN, Albert et Henri
GUILLAUME, Auguste HIOLLE, Louis HISTA, LAFORGE,
Corneille THEUNISSEN, WALLET.

Prix : 3 Francs.

Ce programme a été établi, composé, imprimé et tiré à onze cents exemplaires par la maison L. Danel, de Lille.

Soixante exemplaires de luxe de ce programme, sur papier du Japon, ont été en outre tirés pour les amateurs, numérotés à la main de 1 à 60 et signés par le président de l'Association. Ils seront délivrés au prix de 12 francs.

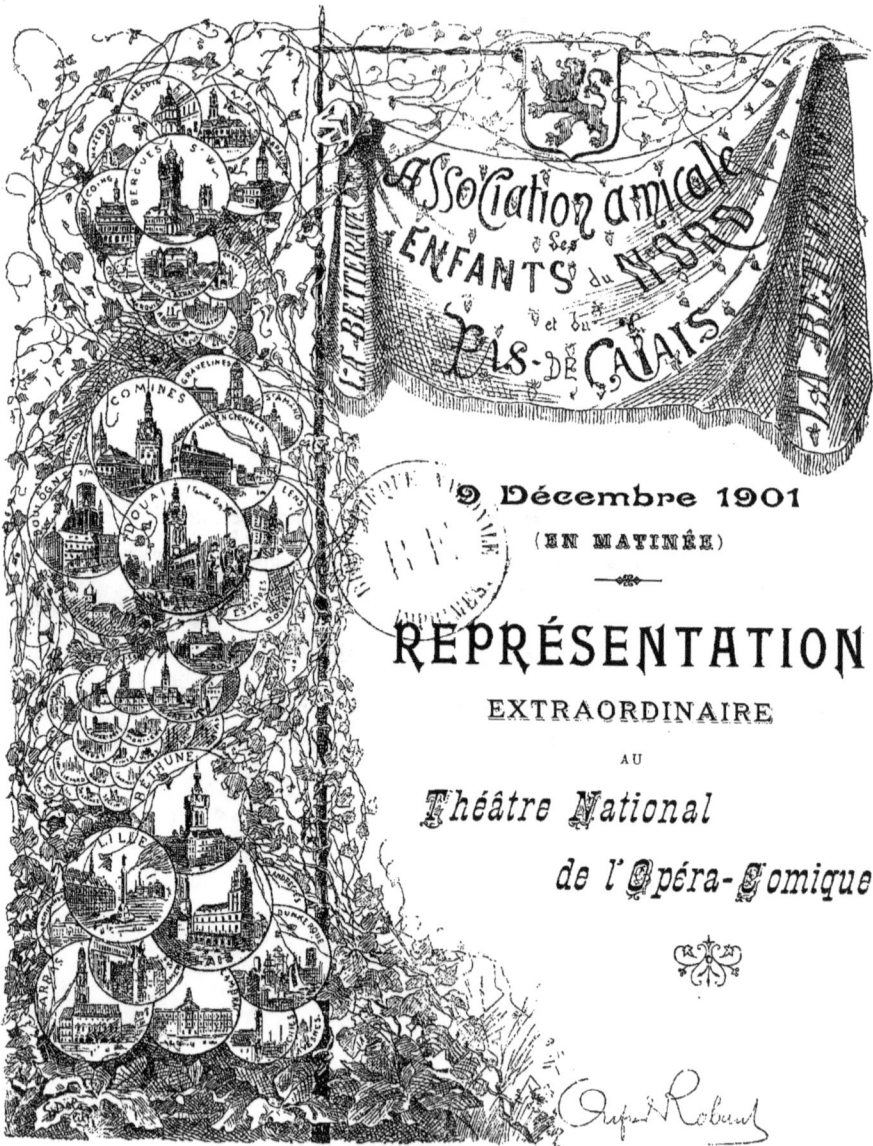

Association amicale
des
ENFANTS du NORD
et du
PAS-DE-CALAIS

9 Décembre 1901

(EN MATINÉE)

REPRÉSENTATION

EXTRAORDINAIRE

AU

Théâtre National

de l'Opéra-Comique

LETTRE D'INVITATION

à Monsieur Émile LOUBET

Président de la République française

Avant-Scène de Balcon D.

Huit places.

LETTRE D'INVITATION

A

M. le Président de la République

De ch' l'Elysée, éd'u qu' ch'est bien vo plache,
In dot aouir chés propos v'naint d' partout,
R'wêtier chés homm' qui font du bon ouvrache
D'un bout d' la France aussi bin que d' l'autt' bout.

L'autt' bout, ch'est d'là qu' vient, dit-on, cheull' leumière !
Grand bout peuplé d'eun' légion d'artisains,
D' bonn' geins d' fabrique à toutt' main et d' première,
D' glorieux artiss' de r'narés païsains.

Adon chés geins ouvraint pir' qu'in esclave
Ont dains Paris fondé eun' Société
Qu'aveuc raison in a lommé l' Bett'rave,
Ch' n'est-i point l' pomme et ch' rosin d' no côté ?

Et d'puis l' Bett'rave ayant poussé tranquille
N'a pont fait bruit, mais volaint t'nir sin raing
All' va bintôt produir' dins cheull' grainn' ville
Tous ses artiss' de ch' pus tiot à ch' pus grand.

Ch'est de l' gloriole, awi, de l' vrai' gloriole,
Mais comm' chés pauv's y n' n'aront tout ch' proufit,
Ch'est à l' gloriol' fair' juer in biau rôle
Car n'importt' qu'meint, bien donner, cha suffit.

Bin qu' vos l' savez, ch'est l' moïen qu'in peut preinne
Pour vous prouver, Monsieur le Président,
Qu' dains no pâys, n'a du talent à r'veinne
A tous chés points et même à ch' l'Occident.

Aussi queu joi' si tenté par no fête,
Pour vous r'poser d' vo labeur in moumeint,
Vos v'niez chez nous vos assir à l' coyette
Pour acouter nos geins d' bel einteind'meint.

Et fin contints, cor puss qu'in n' sarot l' dire,
Fin fiers itout, fin hureux d' vos avoir,
Eincouragés rien qu' par vo bon sourire,
A l' fin d' vo plaire, in f'ra tout sin povoir.

LE COMITÉ.

POUR COPIE CONFORME :

CHARLES LAMY,

Poète patoisant de Cambrai (1).

Paris, le 1er décembre 1901.

Le Président et les Membres du Comité de l'**Association
amicale des Enfants du Nord et du Pas-de-Calais**
(LA BETTERAVE) vous prient de leur faire l'honneur d'assister à la
grande Fête artistique et littéraire qui sera donnée au Théâtre
national de l'Opéra-Comique, en matinée, le lundi 9 décembre 1901,
au bénéfice des œuvres septentrionales de bienfaisance de notre
région.

Veuillez agréer, M   , avec nos remerciements pour
votre souscription, l'hommage de nos sentiments reconnaissants et
dévoués.

LE PRÉSIDENT,

Édouard NOEL.

LE SECRÉTAIRE GÉNÉRAL,

Fernand LEFRANC.

---

(1) Né à Cambrai, en 1848. A publié : cinq volumes de *Passe-timps Kimberlot ;
Visions ; Un tiot peu d'toutes d'sortes ; Nos douches et trisses saquois*, etc.

M.

No Présideint, chés capiaux du Comité et tous les comarates d' l'association amicale des Einfaints du Nord et du Pas-de-Calais, d'puis ch' pus tiot jusqu'à ch' pus long, chés gros aussi, comme dé jusse, m'ont d'maindé d' vos einveyer cheulle tiote épistole à l'fin d'vos prier d'assister aveuc vo dame et vo famille (taint puss qui n'nara, taint puss qu'in s'ra conteint), à l'grainne fiète septentrionale qu'no association donnera ein matinée, dains l'après-midi (queu des drôles d'avisses qu'in a tout d'même à Paris, hénon!) l'lindi 9 décembre prochain.

Comme cheulle fiète-là (ein atteindaint d's autes), ch'est au bénéfice des œuves d' bienfaisance d'nos deux départements et de l' belle mason d'ù qu'no bon copatriote Constant Coquelin veut mette à l'coyette chés viux artisses, j'm'émagine bin qu'vos s'coprez ein quate, ein huit si cha n'vos gine pont, pour y venir.

I n'y faut pont mainquer, bonnes geins d'Artois et d'Flandre, comme in disot du teimps d'jadis, ch'est qu'non seurmeint vos y régalerez vo n'esprit, vos yux, vos orelles et qu'cha décatoullera pus d'eune fos vo cœur à ch'bon eindrot, mais vo f'rez vir q' quaind i s'agit d' no cloquer, d' no tiote patrie, ch'est comme pou cheulle grainne, no belle France chérie, i n'a pont in septentrional qui boude à l'flamique.

Awi, non seurmeint i faut v'nir, mais encore, i faut faire dire à tous nos comarates du Midi, d' l'Est et d' l'Ouest, qu' chés geins du Nord n' sont pont ein retard, quind y faut aidier chés pauves à mainger du pain aveuc eune tiote bique d' bon pa-d' zeur.

Allons, ch'est einteindu! Mon? qu' vos vienrez à no fiète preinne part à ch' plaisi qu' nos arons tertous d'ête einseinne bien unis, bien d'accord dains un but de fraternelle charité. Mon? qu' vos vienrez applaudir cheux qui z'aront mis au service d' cheulle belle idée, leu graind talent, leu généreux cœur et leu bonne volonté.

Après cha, vos s'ein r'tornerez chacun à vo mason, conteint, joïeux d'avoir acouté queuques belles et douches saquois et fin glorieux, dains l' tréfond, d'ête d'eune contrée où chés geins savtent faire queuque cose d' bien et d'utile quaind i veulent s'ein mêler.

Le Comité.

STATUTS

de l'Association amicale des Enfants du Nord et du Pas-de-Calais

(Diner de la Betterave)

———·✕·———

ARTICLE PREMIER. — Une Association amicale est fondée à l'effet de réunir, à Paris, les enfants du Nord et du Pas-de-Calais.

Peut être admis à faire partie de l'Association, tout *Français* qui est né dans le département du Nord ou du Pas-de-Calais, ou dont le père ou la mère y est né.

Ne peuvent entrer dans l'Association, ni continuer à en faire partie, ceux qui sont privés de leurs droits civils ou politiques.

ART. 2. — La présentation des nouveaux adhérents doit être faite par deux parrains, membres de l'Association.

ART. 3. — La cotisation annuelle est de 5 francs.

ART. 4. — Un Comité de 15 membres est chargé d'assurer le fonctionnement de la Société. Il organise les réunions périodiques. Il statue sur l'admission des nouveaux membres de même que sur la radiation, s'il y a lieu, des membres déjà admis.

Le Comité se renouvelle annuellement par tiers. Les membres sortants ne sont pas immédiatement rééligibles, à l'exception du Secrétaire général et du Trésorier.

Indépendamment des quinze membres précités, les anciens présidents font partie de droit du Comité.

ART. 5. — Un Président et deux Vice-Présidents sont nommés pour un an, parmi les membres du Comité, par l'Assemblée générale.

Le Président sortant n'est pas immédiatement rééligible à la présidence.

Les Vice-Présidents ne sont pas immédiatement rééligibles en la même qualité, mais un Vice-Président sortant peut être nommé Président.

ART. 6. — Les banquets ont lieu tous les premiers mardis des mois de novembre, décembre, janvier, février, mars, avril, mai et juin. Les adhérents y sont convoqués par les soins du Comité. Le prix des banquets est de sept francs, tous frais compris.

ART. 7. — En dehors des artistes devant prêter leur concours à la soirée, seuls les membres de l'Association peuvent assister au banquet.

ART. 8. — L'Assemblée générale ordinaire des Sociétaires se réunit une fois l'an, en décembre, pour entendre le rapport du Comité, examiner les comptes, et procéder à l'élection des membres de la Commission, du Président et des Vice-Présidents.

Nul ne peut assister à l'Assemblée générale, s'il n'a payé sa cotisation de l'année.

ART. 9. — Les discussions politiques et religieuses sont formellement interdites dans les réunions de la Société.

ART 10. — Le Président fera connaître à l'autorité les changements survenus dans la composition du Comité.

ART. 11. — En cas de dissolution, la liquidation s'effectuera suivant les règles de droit commun.

ART. 12. — En cas de modifications statutaires, la Société devra solliciter de nouveau l'autorisation prescrite par l'article 291 du Code pénal.

COMPOSITION DU COMITÉ

POUR L'ANNÉE 1901

Anciens Présidents faisant partie de droit du Comité: M. **BOUCHER-CADART**, président à la Cour d'appel, 19, rue de Presbourg (1890). — M. **Paul DISLÈRE**, président de section au Conseil d'Etat, 10, avenue de l'Opéra (1891). — M. **GUILLAIN**, député, ancien ministre des Colonies, 55, rue Schœffer (1892). — M. **MARTEL**, inspecteur général de l'Université, 56, rue Rochechouart (1896). — M. **MAIRESSE**, président d'honneur de l'Association des Journalistes parlementaires, 35, avenue Victor-Hugo (1897). — M. le Dr **HAMY**, de l'Institut, professeur au Muséum, 36, rue Geoffroy-Saint-Hilaire (1898). — M. **Camille BOUCHEZ**, avocat à la Cour d'appel, ancien procureur général à Paris, 71, faubourg Saint-Honoré (1899) (1).

Président : M. **Édouard NOEL**, homme de lettres, 6, rue de la Grange-Batelière.

Vice-Présidents : M. **BÉDOREZ**, directeur de l'Enseignement primaire de la Seine, 21, quai Montebello ;

M. **MORCRETTE-LEDIEU**, industriel, député du Nord, 39, boulevard Beauséjour.

Trésorier : M. **ANACHE**, commis des Télégraphes, 3, rue Trézel.

Secrétaire général : M. **F. LEFRANC**, sous-chef à la préfecture de Police, 34, rue de Malabry, à Robinson, par Sceaux.

Secrétaire : M. Alfred **DUPONT DE CAPPELLE**, auditeur à la Cour des Comptes, 57, rue de Lille.

Membres : M. **BOBIN**, architecte des Bâtiments civils, 16, rue Le Verrier ;

M. **BURET**, secrétaire général de la Société de Médecine, 2, rue Casimir-Delavigne ;

---

(1) Présidents décédés : M. BRESSELLE, conseiller à la cour de cassation ; le Général L'HÉRILLIER.

M. **COMERRE**, artiste peintre, 67, rue Ampère ;

M. **CORNAILLE**, industriel, 31, place de la Madeleine ;

M. **CORNILLE**, secrétaire général de la questure de la Chambre des députés, 126, rue de l'Université ;

M. Jules **DE GUERNE**, président sortant, secrétaire général de la Société d'Acclimatation, 6, rue de Tournon ;

M. **GAUQUIÉ**, statuaire, 4, rue Férou ;

M. **MINNE**, fabricant de carrelages mosaïques, 13, rue de Montholon ;

M. **WILLOT**, directeur général des Postes et Télégraphes, à Alger.

COMMISSION DES FÊTES

MM. Edouard **NOËL**, Président.

F. **LEFRANC**, Secrétaire.

CHARPENTIER,	Membre.
COMERRE,	d°.
DEBRUILLE,	d°.
GAUQUIÉ,	d°.
Alex. **GEORGES**,	d°.
Raoul **LOUAR**.	d°.
H. **MALO**,	d°.
DE **MÉNIL**,	d°.

THÉATRE NATIONAL DE L'OPÉRA-COMIQUE
NOUVELLE SALLE FAVART

Lundi 9 Décembre 1901, EN MATINÉE
GRANDE FÊTE SEPTENTRIONALE

Donnée par l'Association des cités des Enfants du Nord et du Pas-de-Calais "LA BETTERAVE", au Bénéfice d'Œuvres de Bienfaisance

Avec le Concours de

MM. RIDDEZ, BAER, de l'Opéra

MM. COQUELIN CADET, PRUDHON, BAILLET, LEITNER, RAPHAEL DUFLOS, LOUIS DELAUNAY, DEHELLY
BARRAL, HENRI MAYER, RAVET, CROUE, M° JEANNE BERTINY, MARIE LECONTE, de la Comédie-Française
M°° SUZANNE CESBRON, MATHILDE DE CRAPONNE, EYREAMS, ESTHER CHEVALIER, CÉCILE SIMONNET
LISE LANDOUZY, MM. BERNAERT, BOURBON, JAHN, JACQUIN, CAZENEUVE
MESMAECKER, GEORGES MAUGUIÈRE, de l'Opéra-Comique
M. COQUELIN AINE
M. JEAN COQUELIN, de la Porte-St-Martin: **M. COOPER,** du Palais-Royal; **M° LUCIENNE DAUPHIN,** du Gymnase: **M° YVETTE GUILBERT**
M. LOUIS DIEMER
M. LEPERS, M. TIERCY, Le Chansonnier **MARCEL LEGAY**
Le Poète ouvrier mineur **JULES MOUSSERON**
LA SOCIETE DES ORPHEONISTES DE VALENCIENNES, sous la Présidence de M. DEROMBY et la Direction de M. CARPAY
LA MUSIQUE DE LA GARDE REPUBLICAINE, sous la Direction de M. GABRIEL PARÉS

PROGRAMME
FÊTE FLAMANDE, ouverture (PAUL DE WAILLY) — L'Orchestre de l'Opéra-Comique, sous la direction de L'AUTEUR
PREMIÈRE REPRÉSENTATION (Reprise) de

NORD et MIDI | ## ROSE et COLAS
Prologue fantaisiste, de M. EDOUARD NOËL | Opéra-Comique en un acte, paroles de SÉDAINE, musique de Monsigny
Marcel, M. COOPER | Varron, M°° Lucienne DAUPHIN | Colas, M. JAHN. — Mathurin, M. JACQUIN. — Pierre Lerour, M. CAZENEUVE
Une Voix dans la Coulisse, une Voix dans la Salle, M. MESMAECKER | Rose, M° EYREAMS; Lucette Robi, M°° CHEVALIER — L'Orchestre sous la direction de M. GIANNINI

ENTR'ACTE : 10 MINUTES

1° Représentation de ROSES ROUGES (Les Rosati)
Tableau historique en un acte, en prose, par MM. JULES TRUFFIER et EMILE SICARD. — Musique de scène de M. J. TIERSOT
Robespierre, M. PRUDHON; Lazare Carnot, M. Georges BAILLET; Maximilien Robespierre, M. LEITNER; Le Docteur Turenne, M. Louis DELAUNAY; Collin, M° Henri MAYER; Fouché, M. BARRAL
Raymond de Lange, M. DEHELLY; Le Vergeur ou Vigneron, M. RAVET; Bergongne, M. CROUE; La Florole, M. MOUSSEAU — Annie, M° Jeanne BERTINY; Mathilde, M° Marie LECONTE
La Scène se passe à Blangy, près Arras, en 1787

DIVERTISSEMENT DES ROSES
BALLET INÉDIT DE M. MASSENET
Réglé par M° Mariquita, dansé par M° CHASLES, et le Corps de Ballet de l'Opéra-Comique — L'Orchestre sous la direction de M. Alexandre LUIGINI

ENTR'ACTE : 10 MINUTES

GRAND INTERMEDE

1. **SÉRÉNADE-BARCAROLLE** (ÉMILE DEBRUILLE) — L'Orchestre de l'Opéra-Comique sous la direction de L'AUTEUR
2. HYMNE A L'ALEXANDRE, poésie de M. SICARD (Première Audition) . . . . ABEL ESTYLE | 5. PAGE, ÉCUYER, CAPITAINE . . . . EDMOND MEMBRÉE
  Par M. BAER | Par M° RIDDEZ
3. a PROFIL DE FEMME, ... DESBORDES-VALMORE | 6. a LA CHANSON DE CADET-ROUSSEL (Première Audition) . . HENRI MALO
  b RÉVEIL, (sonnet) . . . . ALBERT SAMAIN | b LES CAPILLONS, poésie et musique (1° édition) . . . EMILE LESCŒUR DE MORIAME
  Par M° Lucienne DAUPHIN | Par M. Raphaël DUFLOS
   | 6 bis. MONOLOGUES, par M. COQUELIN CADET
7. Air de GIL BLAS . . . . TH. SEMET | 8. a CROQUIGNETTE A L'EXPOSITION (Première Audition) . J. MOUSSERON
  Par M° Lise LANDOUZY | b LE P'TIT QUINQUIN, canchon dormoire . . . . . . DESROUSSEAUX
   | Par M° Mathilde de CRAPONNE
9. ANDANTE du CONCERTO POUR PIANO, avec accompagnement d'Orchestre (ÉDOUARD LALO), exécuté par M. Louis DIEMER
10. LES CHANSONS DE MÉRIKA (ALEX. GEORGES) — a Aveugle — b Hymne à la Rivière et au Soleil, poésie de M. JEAN RICHEPIN, par M°° Suzanne CESBRON
  L'Orchestre sous la direction de M. André MESSAGER
11. AIR DU BON ROI DAGOBERT . . MARIOT; ADAM DE LA HALLE | 12. a LE BILLET D'ORDRE, ... SAINTE-BEUVE | 13. CHANSONS SEPTENTRIONALES . . . . MARCEL LEGAY
  Par M° Cécile SIMONNET | b PLAISIRS DE POÈTE, ... FROISSART | Par L'AUTEUR
   | Par M. Jean COQUELIN
14. a LE COMTE DU CANON GUSTAVE NADAUD, — b LA MOLETTE BORGNE, Première Audition de JULES BONCHAUX, par M. COQUELIN AINE
15. a LA PAIX NATALE (GUSTAVE NADAUD), — b MI PHILOSOPHE (GUSTAVE NADAUD), par M. LEPERS
16. a SŒUR DU FOND, poésie (JULES MOUSSERON), — b L'IDEAL MINEUR, poésie (JULES MOUSSERON), par L'AUTEUR, poète patoisant
17. UN ABONNENT DE L'OUCASSE, Première Audition (LÉON VASSEUR), paroles de M. GEORGES FIDIT, par M° Yvette GUILBERT
18. LES ORPHEONISTES DE VALENCIENNES
a SÉRÉNADE (SAINT-SAENS) — b LES HALLIERS, poésie de M. JEAN RICHEPIN (ALEX. GEORGES), — c CHANSON A BOIRE (Première Audition), poésie de M. RENÉ LE CHOLLEUX (LÉON VASSEUR)

ENTR'ACTE : 15 MINUTES

OEuvres de M. GUSTAVE CHARPENTIER
a. LA RONDE DES COMPAGNONS | b LA VEILLÉE ROUGE
(d'après PAUL VERLAINE) | (D'après PAUL VERLAINE)
c. LA MUSE DU PEUPLE (COURONNEMENT D'APOTHÉOSE)
Mise pour le 1° acte d'Armée à la scène par M. ALBERT CARRÉ — Le Personnage, M. BOURBON — Une Voix, M. X.
Orchestre et Chœurs de l'Opéra-Comique sous la direction de M. Alexandre LUIGINI

MARCHE DE JOHANNÈS (LUIGINI) par l'Orchestre de l'Opéra-Comique sous la direction de M. Alexandre LUIGINI

Accompagnateurs : MM. PITARETT, ESTYLE
LA MUSIQUE DE LA GARDE REPUBLICAINE, sous la direction de M. Gabriel PARÉS, prêtera, par autorisation spéciale, son concours à cette Représentation
PROGRAMME : 1° La Marseillaise — 2° Une pièce à choix — 3° Aragon (Chabrier) — 4° Les Pont-Dreyous (H. Potier) — 5° Le Petit Quinquin (V. Saubois) — 6° Chansons du Sergent de Ville (J. DERMAN)
7. Marche Lorraine-Septentrionale (Victor Delannoy) — 8° Le Carillon de Dunkerque — 9° Martin et Martine

LE SPECTACLE COMMENCERA A 1 H. 1/2 TRÈS Précises
NOTA. — L. Bureau de Location pour cette Représentation, est ouvert, dès aujourd'hui, au Théâtre de l'Opéra-Comique

LISTE

DES

Membres de l'Association amicale des Enfants du Nord et du Pas-de-Calais

ADAM (Achille), député.

ADAM (Paul), homme de lettres.

AGACHE, artiste peintre.

AIGRE, docteur en médecine, ancien maire de Boulogne-sur-Mer.

AIGRE (Frédéric), professeur au collège Rollin.

ALIAMET, ingénieur.

ALLOY (Léonce), sculpteur et graveur en médailles.

ALTAZIN (Émile), armateur.

ALTAZIN (Eugène), adjoint au maire de Boulogne-sur-Mer.

ANSEL (Edmond), inspecteur d'assurances.

ANSELIN (Arthur), propriétaire.

ARCHAIN (Oscar), conseiller municipal de Paris.

ARNOUX (Victor), inspecteur de l'Enseignement primaire.

ARRACHART (Pierre), ingénieur.

AUBERT (Jean-Jacques), professeur de physique et de chimie au lycée Condorcet.

AVRANGE DU KERMONT (D'), architecte.

BAECQUE (Gaston DE), propriétaire.

BAELEN (Edmond), rédacteur au ministère des Travaux publics.

BAER (Fernand), lauréat du Conservatoire.

BAILLET, sociétaire de la Comédie-Française.

BAILLEUX (Emile), substitut.

BAR (Fernand), négociant, conseiller général.

BARBIER (Fénelon), percepteur.

BARBIER (Max), artiste dramatique.

BARBIER (Victor), président de la Commission des Monuments historiques du Pas-de-Calais.

BARROIS (Théodore), député du Nord.

BARSANTY, commissaire de police.

BASQUIN (Edouard), avocat.

BASTIEN, avocat.

BATTEUR (E.), directeur d'assurances.

BEAUMONT (Auguste), chef de bureau.

BEAUMONT (DE), notaire.

BEAUPRÉ (Albert Pigault DE), conseiller référendaire à la Cour des Comptes.

BEBIN, censeur au lycée Lakanal.

BECKER (Louis), musicien de la Garde républicaine.

BÉCOURT (Aimé), commis des Postes et Télégraphes.

BÉCOURT (Ernest), commis d'Inspection académique.

BECQUART (Emile), propriétaire.

BÉDOREZ (Georges), conseiller à la Cour d'appel.

BÉHAL (Auguste), professeur à l'Ecole supérieure de pharmacie, maître de conférences à la Sorbonne.

BELVALLETTE (Alfred), carrossier.

BÉQUET (Edmond), architecte.

BERGER (Georges), artiste peintre.

BERGERET (Auguste), avocat, conseiller municipal à Boulogne-sur-Mer.

BERNAERT, artiste lyrique à l'Opéra-Comique.

BERNARD (Henri), représentant de commerce.
BERNARD-BRULZ (Augustin).
BERSEZ (Paul), député, maire de Cambrai.
BERTAULD (Alfred), avocat.
BERTIN, avocat.
BERTRAND, dentiste.
BERTRAND (Julien-Charles), propriétaire.
BERTRAND (Louis), industriel.
BEUGNY-D'HAGERNE (Georges DE), artiste-peintre.
BÉVENOT (Edmond).
BIANCHI, fabricant de corsets.
BIANCHI (Henry), fabricant de baleines.
BIANCHI (Paul), représentant de commerce.
BIGO-DANEL, imprimeur.
BILLET (Alfred), ancien conseiller général du Nord.
BINSSE (Eugène), inspecteur des Postes et des Télégraphes.
BLACK, fabricant de chicorée.
BLÉMONT (Emile), homme de lettres.
BLIECK (Oscar), avocat à la Cour d'appel.
BLONDEL (L.), receveur-contrôleur de l'Enregistrement et des Domaines.
BLONDIAUX, capitaine d'Infanterie.
BLOQUEL (Henri), avocat à la Cour d'appel.
BOCA (Paul), ingénieur.
BOCKET, entrepreneur de menuiserie.
BODIN (Edouard), homme de lettres.
BOILEAU (Jules), dessinateur.
BOIRE, directeur de la sucrerie Bourdon.
BONIFACE (Charles), docteur en médecine.
BONNEL DE MÉZIÈRES (Albert), explorateur.
BONNEL DE MÉZIÈRES (Pierre).
BONNIER (Louis), architecte du gouvernement.
BORREL, négociant.
BORREL (Maurice).
BOUCHEZ (Henri-Louis), associé d'agent de change.
BOUCHEZ (Pierre), docteur en droit, avocat à la Cour d'appel.
BOUCLET (Louis), armateur, juge au Tribunal de commerce.
BOUDENOOT, sénateur du Pas-de-Calais.
BOUDRY (Frédéric), juge.
BOUFFET, conseiller d'Etat.
BOUILLIER (Robert), artiste dessinateur.
BOUILLIEZ, sénateur du Pas-de-Calais.

BOULANGER, capitaine de remonte.
BOULANT (E.), restaurateur.
BOULET (Alix), constructeur-mécanicien.
BOUQUET (Louis), conseiller d'Etat, directeur de l'Enseignement technique au ministère du Commerce et de l'Industrie.
BOUQUILLON (Gustave), ingénieur civil.
BOURGEOIS, banquier.
BOURGEOIS, ingénieur des Ponts et Chaussées.
BOURGOIS, receveur des Finances.
BOUVEUR (Eugène), sous-chef de rayon à la Place Clichy.
BOUTRY (Edgar), statuaire.
BRASSART (Jules), ancien adjoint au maire de Lille.
BRÉCHOT, docteur en médecine.
BRIOIS-BROUTIN, chef de service à la Cie Bône-Guelma.
BROUTIN (Albert), employé.
BROUTTA, directeur de l'usine à gaz de Montreuil-sous-Bois.
BRUMEAUX, huissier.
BRUMEAUX (Henry), étudiant en droit.
BRUNEL (Emile), commis des Postes et Télégraphes.
BRUYÈRE (Félix).
BURET (Florent), artiste peintre.
CABARET (Paul), directeur au ministère de l'Agriculture.
CAILLIAU (Pierre), associé d'agent de change.
CALONNE (DE), homme de lettres.
CAMBAY (Alfred), chef de poste au Congo.
CAMBIE (Evariste), pharmacien.
CAMBRAY (Philippe), commis des Postes.
CANDELIER, ingénieur.
CANDELIER (Héliodore), explorateur.
CAPELLE (G.), rédacteur au *Gaulois*.
CAPLAIN, avoué.
CARDON, député.
CARLIER (Emile), statuaire.
CARON (Edouard), licencié en droit.
CARRION (Henri), chef de laboratoire à l'hôpital Saint-Antoine.
CARPENTIER (Théophile), commerçant.
CARVIN (Auguste), sculpteur.
CATALAN (Charles DE), directeur de la Cie la Forcite.
CATELAIN, restaurateur.
CAUCHE (Emile), chapelier.
CAVALLY (Henry), capitaine d'artillerie.

Cayou (Henri), élève de l'École des Beaux-Arts.
Chabalet (Gaston), procureur de la République.
Chappuy (Georges), maître de verreries.
Charpentier (Gustave), compositeur de musique.
Charrier (Julien), ingénieur.
Chauvin (Pierre), fabricant.
Chéry (Constant), négociant.
Chevalier (Commandant), président de l'Alliance septentrionale.
Chevalier (Adolphe), courtier.
Claeys (Léon), sénateur.
Claeys (Emile), sous-préfet.
Claus (Camille), homme de lettres.
Clément (Albéric), débitant de bières du Nord.
Cocheris (Jules), avocat.
Coget (J.-B.), ancien député.
Colin (Gustave), artiste peintre.
Collette (Gustave), fabricant.
Colmant, négociant.
Colonge, chef du service des dépêches à la Préfecture de la Seine.
Comatte, représentant de commerce.
Coppin, commis-négociant.
Coquelin (Constant), président de l'Association des artistes dramatiques.
Coquelin (cadet), sociétaire de la Comédie-Française.
Coquelin (Jean), artiste dramatique.
Cordonnier (Anatole), horticulteur.
Cordonnier (Louis), architecte.
Cordonnier (Alphonse), statuaire.
Corriez, pharmacien.
Cossart, notaire.
Cossonnet (Paul), employé de commerce.
Cotillon, fabricant.
Cottignies, avocat.
Cottignies (Maurice), inspecteur-adjoint des Forêts.
Coupey, négociant.
Coupé (François), principal clerc d'avoué.
Courcot, sous-directeur à l'École nationale de Cluny.
Courtecuisse, artiste graveur.
Courthéoux (Paul), clerc d'huissier.
Courtin (Eugène), maire de Lens.
Courtin (Paul), brasseur.
Coutelier, fabricant.
Coutelier (Auguste).
Coutelier (René).

Couvreur (André), homme de lettres.
Cramette, capitaine en retraite.
Crépel (Victor-Joseph), rédacteur au ministère de la Guerre.
Crépin (Gaston), imprimeur-publiciste.
Cuvelier, économe de l'asile des Sourds-Muets.
Cuvillier (Achille), commis des Postes.
Cuvillier (Léon), commissaire de police.
Cuvillier, docteur en médecine.
Cuvillier (Edmond), médecin-vétérinaire.
Dambricourt (Emile), banquier.
Dambricourt, propriétaire.
Dandre (Marcel), avocat.
Danel (Léonard), imprimeur.
Danset (Maurice), assureur.
Dansette (Jules), député du Nord.
Dantan (Henri), brasseur.
Darras, ingénieur.
Darras (Alcide), docteur en droit.
Dauthuile, inspecteur d'académie.
Dayez (Georges), directeur de la Société du vaccin charbonneux Pasteur.
Debacker, docteur.
Debième (A.), industriel.
Debruille, de l'Opéra.
Déchy (Albert), étudiant en médecine.
Décobert, lieutenant-colonel retraité.
Decq, compositeur de musique.
Decrombecque (Ghislain), éleveur.
Dediéval, avocat.
Déel, docteur en médecine.
Deflandre (Alfred), limonadier.
Deffrennes-Gravis (Ch.).
Degallais, artiste peintre.
Degrauwe, pharmacien.
Dehenne, docteur en médecine.
Dehesdin (Paul), directeur de l'Hôpital-Maritime, Berck-Plage.
Dehouve (Justin).
Déjardin, pharmacien.
Delacroix (Eugène-Henri), artiste peintre.
Delaere (Lucien), négociant.
Delanchy, imprimeur.
Delannoy, pharmacien.
Delattre (Charles), fils, représentant de commerce.
Delaune (Marcel), député du Nord.
Delcourt (Xavier), industriel.
Delcroix (Emile), négociant.
Déléarde, chef à la Foncière.
Delebecque (A.), ancien inspecteur.
Delebecque (André), ingénieur des Ponts et Chaussées.

DELEBECQUE, receveur des Finances.
DELEBECQUE (Louis).
DELÉCAILLE, avocat.
DELEFOSSE, docteur en médecine.
DELEPIERRE (Georges), fabricant.
DELEPIERRE (Paul), agent général de la maison Crespin.
DELEPORTE, percepteur.
DELERUE (Henri), administrateur de la distillerie du Centre.
DELGUTTE (Benjamin), rentier.
DELOBEL (Alfred), tailleur.
DELOMBRE (Paul), député, ancien ministre du Commerce.
DELORME, Cⁱᵉ d'assurances la Nation.
DELRUE (Maxime), commissionnaire en marchandises.
DELSARTE (Henri).
DELVA (Constant), commissaire-priseur.
DEMAILLY (Louis), propriétaire.
DEMAILLY (Théophile), rentier.
DEMARQUETTE (Frédéric), compositeur de musique.
DEMARQUEZ, négociant.
DEMELIN (Armand), homme de lettres.
DEMELIN (Emile), ancien avocat.
DEMEURE (Albert), vétérinaire.
DEMONT (Adrien), artiste peintre.
DENDELEUX (Hippolyte), (sucres).
DEPASSE (Hector), publiciste.
DEPASSE, docteur en médecine.
DEPECKER, tailleur.
DÉPLANQUE (Ad.), receveur des contributions indirectes.
DÉPLECHIN, statuaire.
DE PRAT (Oscar), adjudant retraité d'infanterie de marine.
DEQUÉKER, constructeur.
DERAISIN, architecte.
DERBECQ, pharmacien.
DERIEUX, maire d'Avesnes-les-Aubert.
DÉROMBY, président des Orphéonistes de Valenciennes.
DEROME (Gaston), ingénieur.
DERVAUX (Louis), fabricant.
DESCQTTES.
DESESPRINGALLE, représentant.
DESMOULIN (Auguste), négociant.
DÉSOIGNIES (Charles), commis principal des Télégraphes.
DESOMBRE (Paul), administrateur délégué de la Société électro-mécanique.
DESPLANQUE (Jules), rentier.

DESROUSSAUX (Charles), directeur de l'agence du Crédit Lyonnais.
DESRUMEAUX (Emile).
DESRUMEAUX (Henri), directeur de la société anonyme Epuration des Eaux.
DESRUMEAUX (Victor), chimiste.
DESTOMBES (Paul-Archange), propriétaire.
DESTOMBES (Pierre), violoncelliste.
DÉTRAIN (Fernand), professeur de musique.
DETRAUX (Edouard).
DETURCK, artiste graveur.
DEUDON (Eug.), directeur des tramways.
DEULLY (Eugène), artiste peintre.
DEVAUX (Ch.), peintre décorateur.
DEVOS (Alfred), brasseur.
DEVOS (Auguste), chef de bureau retraité.
DEVOS (César), manufacturier.
DEVOS (Charles), administrateur de la Libre Parole.
DEVOS, artiste peintre.
DEVRED (Charles), chapelier.
DEWISME (Jules), inspecteur principal au Crédit lyonnais.
DIGEAUX (Paul), avocat.
DISLÈRE (Georges), avocat.
DIVOIR (Victor), compositeur de musique.
DOBY (Auguste), rédacteur.
DOCQUOIS (Georges), homme de lettres.
DORCHAIN (Auguste), homme de lettres.
DORIGNY.
DORLENCOURT (Hippolyte), étudiant.
DOUCHET (Clotaire), employé retraité de la Préfecture de la Seine.
DOUILLY (Henri), professeur.
DOYEN (Gustave), expert près le Tribunal de la Seine.
DRANSART, docteur en médecine.
DRAUX, capitaine à la Garde républicaine.
DRON, docteur en médecine.
DROUBAIX, docteur.
DUBAR, docteur.
DUBOIS (Emile), sénateur.
DUBOIS, architecte.
DUBOUT (Alfred), homme de lettres.
DUBRON (Bruno).
DUBUISSON (Samuel).
DUCARIN (François), agent des Mines de Béthune.
DUCHANGE (Jacques), homme de lettres.
DUCHANGE (Paul), négociant.
DUCHAUCHOIS, armateur.
DUCHAUFOUR (Eugène), receveur.
DUEZ (Romain), employé de commerce.

Duflos (Raphaël), sociétaire de la Comédie-Française.
Duflot.
Dugardin, docteur en médecine.
Duhem (A.), industriel.
Duhem (Antoine), propriétaire.
Duhem (Maurice).
Dujardin (E.), fabricant.
Dumarchez (Paul), peintre.
Dumesnil (Paul), ingénieur.
Duminil, avocat.
Dumon (Raoul), homme de lettres.
Duperron (Georges), ingénieur.
Dupont (Ernest), conseiller à la Cour de cassation.
Dupont (Gustave).
Dupont, représentant.
Dupretz, pharmarcien.
Dupretz, conseiller de préfecture.
Dupuich (G.), rédacteur.
Dupuich (Achille), receveur des Postes et Télégraphes.
Duquesne, entrepositaire de bières du Nord.
Dureau, licencié en droit.
Durin (Edmond), chimiste.
Dusart (Paul), architecte.
Dussaussoy (Paul), député.
Dutert (Ferdinand), architecte.
Duthoit (Paul), artiste peintre.
Dutilleul (Jean), professeur.
Dutilleux (Joseph), négociant.
Dutilleux (G.), négociant.
Duval, chef d'orchestre, compositeur.
Eloir (Élisée).
Emmery (Lucien).
Emont, sous-préfet.
Engels (François), fondeur en bronze.
Engrand (Georges), statuaire.
Enlart (Camille), archiviste paléographe.
Estyle (Abel), artiste-musicien.
Everaire (Gustave), représentant de commerce.
Everwyn (Diomède).
Evrard (Émile), rentier.
Evrard-Eliez, député.
Eyriaud des Vergnes, inspecteur général des Ponts et Chaussées.
Fagart, docteur.
Fagel, statuaire.
Fanien (Achille), député.
Farinaux, employé.
Fatout (Maurice).

Faucheux (Auguste), professeur de musique.
Fauchille (Auguste), avocat.
Fauchille (Paul), docteur en droit.
Faucon (Adolphe), employé.
Féliciani, sculpteur.
Fiévet, brasseur.
Flamen (Albert).
Flament (Édouard), artiste-musicien.
Follet, docteur.
Folleville (Daniel de), avocat.
Fontaine (Maurice), ingénieur.
Fourrière, docteur.
Francaix (Félix), tailleur.
François, censeur au lycée Henri-IV.
François, négociant.
Francq (Léon), ingénieur civil des Mines.
Francqueville (dit Villefranck), directeur de Théâtre.
Fransois (Henri), homme de lettres.
Frère (Jean), statuaire.
Frère (Louis), directeur des Contributions indirectes.
Fretin, manufacturier.
Fromont, agent de charbonnages.
Fropo, juge.
Gachet, docteur.
Gallaut (Henri), industriel.
Gallian, architecte.
Gallois, lauréat du Conservatoire.
Gallot (Charles), rédacteur.
Gamelin, contrôleur général de l'Armée.
Gauwain, sous-gouverneur du Crédit foncier.
Geoffroy (Charles), propriétaire.
George (Jules), commis à la Préfecture de la Seine.
George, ancien maire.
Georges (Alexandre), compositeur de musique.
Gérard, ancien sous-préfet.
Gernaert, ingénieur.
Gernez (Léon), interne Hôpital Charité.
Gillet.
Glinel, avocat.
Glorie, docteur.
Gogny, artiste lyrique.
Gontier (Georges), secrétaire de la Mairie de Nanterre.
Goris (Joos), conseiller de préfecture.
Goube-Veriele (Léon), industriel.
Gournay (Louis), statuaire.
Gouttière, facteur de pianos.

GOVARE (Paul), avocat.

GRAF (Paul), élève à l'École des Beaux-Arts.

GRAMAIN (Henri), caissier de la Société protectrice des animaux.

GRARD (Hilaire), rédacteur à l'administration des Postes et Télégraphes.

GRAU (Gustave), artiste peintre.

GRÉMAIN (Alexis), artiste peintre.

GROVLEZ, compositeur de musique.

GRUSON (Raoul), artiste dramatique.

GRUSON, ingénieur en chef des Ponts et Chaussées.

GUEFFROY (Gustave).

GUÉRARE (Henri), instituteur.

GUÉRIN (Paul), élève à l'école professionnelle des Postes.

GUILLAIN, député et conseiller général du Nord.

GUILLAIN, docteur.

GUILLAUME (Albert), artiste peintre.

GUILLAUME (Henri), architecte.

GUILLAUME (Delys-Fénelon), contrôleur. des contributions indirectes en retraite

GUISLAIN (Léon), représentant de commerce.

HALAIS (Charles), résident de France en retraite.

HALLUIN (Georges d'), filateur.

HAMY (Maurice), astronome à l'Observatoire.

HANICOTTE (Augustin), artiste peintre.

HANNEDOUCHE (Alfred), inspecteur primaire.

HANOTTE (Ernest), docteur en médecine.

HAPPE (Victor).

HARINKOUCK, négociant.

HAVET (Henri), artiste peintre.

HAVRINCOURT (comte Gérard d'), ancien officier de haras.

HAYE (Julien), avoué.

HAYEZ (Paul), maître de verreries.

HAZARD, huissier.

HENNEBAINS (Adolphe), 1re flûte à l'Opéra.

HERBART (Léon), assureur maritime.

HERBAUX (Jules), procureur de la République.

HERBECQ, ancien député.

HERBELOT, fabricant.

HERBET, maire d'Haynecourt.

HERMARY, ancien député.

HIOLLE (Auguste), artiste peintre.

HISTA (Louis), artiste peintre.

HOCQUETTE (Alfred).

HOGEDEZ (Hippolyte), entrepositaire de bières.

HONORÉ (Gaston), fabricant.

HOUBART (Henri), contrôleur des Contributions directes.

HOUDAIN (G. d'), statuaire.

HOUDARD (AMÉDÉE), lieutenant-colonel.

HOUSQUAINS (Auguste), interne.

HOUSSIN, statuaire.

HUBERT (Charles), chef de bureau au ministère des Finances.

HUDELIST, sous-directeur du *Ménestrel*.

HULLEU, représentant de la maison Vilmorin.

HURET-LAGACHE, président de la Chambre de commerce de Boulogne-sur-Mer.

INBONA (Raymond), principal clerc d'avoué.

ISAAC (Augustin), docteur.

IZAMBART (Georges), homme de lettres.

JACQUART (Léon), négociant.

JACQUEMART (C.-V.), industriel.

JASPARD (Henri), rédacteur.

JONNART, député.

JOUGLET (Florian), entrepreneur.

JOURDIET (Léon).

KERRION (Achille), artiste musicien.

KOSZUL (Julien), compositeur de musique.

LABORDERIE (Louis), professeur d'escrime.

LACHAUME, ingénieur.

LADUREAU, ingénieur-chimiste.

LAGUILLIER.

LAINÉ (Emile), distillateur.

LALEU (Alphonse).

LALEU (Emile).

LALUBIE.

LAMBERT (Emile), industriel.

LAMBERT (Henri), fabricant.

LAMBILLIOTTE, docteur.

LAMOTTE (Albert), étudiant en droit.

LAMOTTE (Georges), entrepreneur.

LAMY (Charles), poète patoisant.

LANDAS (Paul), ingénieur.

LANDAS (Victor), inspecteur du Chemin de fer du Nord.

LANDOUZY (Fernand).

LANDRY (Albert).

LANGRAND, statuaire.

LANTOINE (Abel-Paul), retraité des Télégraphes, représentant de la *Commercial Cable Company*.

LARDEUR (Henri), clerc d'avoué.

LARDEUR (Joseph), licencié ès lettres.

LAURENT (Joseph), employé de banque.
LAURENT (Louis), confections en gros.
LAURENT, docteur en médecine.
LAUT (Ernest), homme de lettres.
LAVERGE, conducteur des Ponts et Chaussées.
LAVOLLEY, inspecteur.
LEBAS (Gaston-Jean), docteur en médecine.
LEBECQUE, conseiller d'arrondissement, maire de Téteghem.
LEBLOND (Jean-Paul-Louis).
LECHAT (Albert), artiste peintre.
LE CHOLLEUX (René), directeur de la *Revue septentrionale*.
LECLERCQ, orfèvre-joaillier.
LECLERCQ (Emile), capitaine.
LECLERCQ (Julien), chapelier.
LECLERCQ (Louis), négociant.
LECŒUR, ingénieur.
LECOMTE (Maxime), sénateur du Nord.
LE COQ (M.-J.), homme de lettres.
LECQ (Edmond), architecte.
LÉDÉ (Fernand), docteur.
LEFÉBURE, conservateur des hypothèques.
LEFEBVRE (Augustin), artiste peintre.
LEFEBVRE (Charles), architecte.
LEFEBVRE (Gustave), négociant.
LEFEBVRE (Joseph), étudiant en droit.
LEFEBVRE (Jules), notaire honoraire.
LEFEBVRE (Léon), ingénieur.
LEFRANC (Gaston), chef de rayon acheteur *A la Belle Jardinière*.
LE FRANÇOIS, conseiller à la Cour d'appel.
LE GAVRIAN, ingénieur.
LEGAY (Marcel), chansonnier compositeur.
LEGAY (François).
LEGRAND (Victor), ingénieur civil.
LEGROUX (Alfred), caissier.
LELEU (Alexandre), peintre graveur.
LEMAIRE, directeur des constructions navales.
LENGAIGNE, président de l'Entrepôt syndical des marchands de vins.
LENSEIGNE (Gaston), élève au Conservatoire.
LENYS (Auguste), capitaine de gendarmerie.
LEPERS (Charles), professeur de chant.
LEPEZ, député du Nord.
LEPLAT, violoniste de l'Opéra.
LERMUSIAUX, secrétaire général de l'Union des sociétés de tir de France.
LEROY, docteur.

LEROY (Émile), rédacteur au ministère de la Guerre.
LEROY (Frédéric), négociant.
LESAFFRE (Maurice), fabricant.
LESAGE, docteur.
LESAGE (Édouard), propriétaire.
LESECQ (Oscar), médecin-vétérinaire.
LESIEUX (Émile), surveillant général à l'Institution des sourds-muets.
LESTIENNE (Edmond), rédacteur.
LESTIENNE (Louis), inspecteur des Galeries lilloises.
LESUEUR DE MORIAMÉ (Benoni).
LESUEUR DE MORIAMÉ (Émile).
LETENEUR (Émile), pianiste, professeur de musique, chef d'orchestre pour soirées.
LETENEUR (Paul), métreur vérificateur.
LÉTIENNE, docteur.
LÉVÊQUE-LOGÉ, négociant.
LEWALLE (Auguste), conseiller.
LHOMEDÉ, ancien avoué.
LIÉGEOIS (Bernardin), instituteur.
LIEM (Gaston), constructeur.
LINGRAND, pharmacien.
LOEB, négociant.
LOGIER (Jules), imprimeur.
LONQUÉTY (Maurice), ingénieur civil des Mines.
LORÉDAN (Julien), homme de lettres.
LORMIER (Aug.), photographe, éditeur.
LORMIER (Ed.), statuaire.
LOUIS-NOEL (Hubert), statuaire.
LOYER, filateur, député.
LOZÉ (Henri), ancien préfet de police et ambassadeur de la République française.
LOZÉ (Edmond), propriétaire.
LUSSIEZ (Oscar), artiste lyrique.
LUTHARD, chef de bataillon du génie.
LYOEN (Gustave), comptable.
MACAIGNE (Maxime), médecin des hôpitaux
MAHIEU (Léon), négociant.
MAILLIEZ, distillateur.
MAIRESSE (Maurice), artiste peintre.
MALO (Henri), homme de lettres.
MALLORTIE (H. de), contrôleur des Contributions directes.
MARCH, ingénieur mécanicien.
MARCHAND, étudiant en droit.
MARION (Paul), avocat.
MARMOTTAN, ancien député, maire du XVIe arrondissement.
MARONIEZ, juge.
MARQUETTE, architecte.

MARTINAGE (Henri), limonadier.

MASCART (Ch.), ingénieur des Ponts et Chaussées. .

MASSE (Maurice), étudiant.

MASUREL (Albert), industriel.

MATHÉ (Emile), banquier.

MATHURIN, pharmacien.

MATRINGHEN (Paul), manufacturier.

MAUGUIÈRE (Albert), élève de l'Ecole des Beaux-Arts.

MAURICE (Jules), archéologue.

MAZINGHIEN (Georges Nazim), homme de lettres.

MÉNARD (Gustave), négociant.

MÉNIL (Félicien de), compositeur de musique.

MERCIER, général de division en retraite, ancien ministre de la Guerre.

MERCIER (Alphonse), mandataire aux Halles.

MERCIER (Francès), lieutenant de cavalerie.

MÉRESSE (Fernand), représentant de commerce.

MERLIN, capitaine en retraite.

MESMACRE (Ludovic-Joseph), officier d'administration.

MEURANT, compositeur de musique.

MEURISSE (Camille), brasseur.

MEURISSE (Georges), négociant. .

MEURISSE (Paul), négociant.

MICHAU, député du Nord.

MIDY, pharmacien.

MINART (Louis), publiciste.

MINET-GAMBIER, négociant.

MIO, directeur des Postes et Télégraphes de la Seine.

MŒNECLAEY (Frédéric), auditeur à la Cour des Comptes.

MOGUEZ (E.-H.), publiciste.

MOGUEZ, professeur.

MOLEUX, conseiller général du Pas-de-Calais.

MOLLET, architecte.

MONNECOVE (Félix Le Sergeant de), ancien député.

MONSSARAT (Charles), secrét. supp. des Commiss. de Police.

MONVOISIN (Emile), publiciste.

MOREAU (Louis-Georges), étudiant.

MOREIGNE, capitaine.

MOREL, ingénieur.

MOREL (Joseph), ancien député. .

MORET (Eugène).

MOUCHERONT, directeur des douanes à Alger.

MOULLÉ, préfet.

MOUQUET (Alfred), médecin-vétérinaire.

MOYAUX, architecte, membre de l'Institut.

MULIÉ (Charles).

NAVARRE, docteur.

NÉAUBER (Pierre).

NORY (Jules), armurier.

OLIVIER, docteur.

OSLET (Gustave), ingénieur.

OUDART, négociant.

OUDART (Edouard), président de l'Académie d'Armes du Nord.

OVIGNEUR (Edouard).

OVION (Pierre-Louis), docteur.

PAINDAVOINE, ingénieur civil.

PAMART (Henri), chef du service central de la topographie.

PARENT (Emile), caissier-comptable.

PARENT (Henri), docteur.

PARENTY, directeur des manufactures de tabacs.

PARIS (Alfred), ingénieur.

PARIS (Félix), directeur de l'*Épargne du Travail*. .

PASQUAL (Léon), député.

PAURIS (Félix).

PAYEN (Fernand), avocat.

PECQUEUR (Ernest), négociant.

PECQUEUR (Georges), entrepreneur de sépultures.

PEÈNE, statuaire.

PÉLERIN (Maurice), comptable.

PENNETIER, inspecteur.

PÉQUIGNAT (Paul), professeur.

PÉRARD, ingénieur.

PERCHERON (Albert), docteur.

PERDRIZET, artiste peintre.

PÉRON, maire de Boulogne.

PETIT (Albert), docteur.

PETIT (Gaston), rédacteur.

PETITBOIS (Edouard), comptable.

PICHON (Félix), sous-directeur de la Société française de désinfection.

PIÉRENS, avoué.

PIERMÉ (Georges), attaché au ministère des Colonies.

PIERRET (Paul), professeur de musique.

PIFFARETTI, chef d'orchestre.

PIOT (Julien), externe des hôpitaux.

PLANCHENAULT (Emile-Hermann), juge suppléant.

PLANQUETTE (Félix), artiste peintre.
PLATEL (Emile), directeur retraité des Contributions directes.
PLATEL (Florent), brasseur.
PLÉ (Georges), avocat.
PLOUCHART (Eugène), homme de lettres.
POIRY (Justin), entrepreneur.
POLGUÈRE, de la Maison Hachette.
POMMIER (Alexandre), juge d'instruction.
PONS (Léon), chimiste expert.
PONSART (Albert), colonel d'artillerie en retraite.
PONTSEVREZ, homme de lettres.
POUILLAUDE (Charles-François), rédacteur.
POURE (Georges), fabricant.
PRADELS (Octave), homme de lettres.
PRONIEZ (Augustin), directeur des Contributions indirectes.
PRUVOST, commis des Télégraphes.
PRUVOST (Alfred), secrétaire de l'Ecole Rocroy.
QUENTIN (Charles), percepteur.
QUENU, chirurgien des hôpitaux.
QUINT-QUENTIN, président de Syndicat aux Halles.
QUIQUET (Albert), actuaire de la Cie d'assurances la Nationale.
RADEZ (Paul), avocat.
RAHON (Achille), commerçant.
RAMELOT (Lucien), négociant.
RATTEL (A.), docteur en médecine.
RATTEL (Félix), huissier.
RAVESTYN (Jules), fabricant.
REGNAULT, avocat.
REISENTHEL (Joseph), étudiant.
REMAUT (Paul), négociant.
RENARD (François), négociant.
RENAULT, docteur.
RENAUX (Gustave), commis à la Préfecture de la Seine.
RIBOT, député du Pas-de-Calais.
RIBOULET (Lucien).
RICHEBEZ (Anatole), avocat.
RICHET, artiste peintre.
RIDOUX (Emile), administrateur délégué des chemins de fer et carrières d'Estrée-Blanche.
RIÈTHE, pharmacien.
RIFFLARD (Valentin), commis des postes.
RINGOT, sénateur, maire de Saint-Omer.
RIVIÈRE (Amédée), secrétaire du Préfet de police.
RIVIÈRE (Fernand), compositeur de musique.

ROBAUT (Alfred), artiste.
ROBAUT (Alphonse), avocat.
ROBE, président de la Société des Enfants du Nord et du Pas-de-Calais, d'Alger.
ROBERT (Georges), publiciste.
ROCHE (Albert), entrepositaire de bières et genièvres du Nord.
ROGIER (Arnould), professeur.
ROLLET (Henri), ingénieur.
ROSE, député du Pas-de-Calais.
ROSSELET (Lucien), conseiller référendaire à la Cour des Comptes.
ROUEZ (Pol), brasseur.
ROUSSEAU (Arthur), libraire-éditeur.
ROUSSELLE (Hector), limonadier.
ROUZÉ (Em.), juge.
SAIN (Edouard), artiste peintre.
SALOMÉ, docteur en droit.
SANGLIER (Albert), chef de comptabilité.
SARTIAUX (Albert), ingénieur en chef du Chemin de fer du Nord.
SAUVAGE, pharmacien.
SAUVAGE (Emile), directeur de la station agricole.
SAUVAGE (Georges), greffier.
SCALIET, restaurateur.
SCOUTETEN (Amédée), notaire.
SCRIVE-LOYER, filateur.
SCULFORT (Victor), représentant de commerce.
SÉGARD, homme de lettres.
SÉNÉCHAL, conseiller de préfecture.
SENLECQ (Louis), étudiant.
SENLECQ (Paul-Félix), docteur.
SENS (Georges).
SERGENT (Prosper-Eugène), secrétaire de la direction du Pari mutuel.
SEURON (Alcide).
SEVER (colonel), ancien député.
SIMON, fondé de pouvoirs.
SIMON (Eugène).
SIMON (Jules).
SIMON (Louis), quincaillier.
SOHIER (Eugène), étudiant.
SOUDANT, violoniste,
SOUILLART (Fernand), entrepreneur de travaux publics.
SPINNEWYN (Anthime), professeur d'escrime.
SPINNEWYN (Jules), tailleur.
SPRIET (Henri), avocat.
SPRIET (Henri-Eugène), industriel.
STIÉVENARD, ancien sous-préfet.

Stiévenard, fabricant de câbles.

Stoclet (Arthur), ingénieur en chef du Nord.

Suruoue (Georges), docteur en droit.

Swarte (Victor de), trésorier-payeur général.

Swynghedauw (Paul), inspecteur d'assurances.

Taillandier (Eugène), maire de Cagnicourt.

Taillandier (Henri), député.

Ternas (Pierre de), inspecteur des finances.

Testelin (Charles), docteur en médecine.

Testu (Félix), comptable.

Tetin (Albert).

Tettart (Félicien), représentant de commerce.

Tettelin (François), ingénieur.

Thelliez, docteur.

Théodore (Alphonse), négociant.

Théry (Aimé), associé à la maison Vilmorin.

Théry (Paul), négociant.

Theunissen (Corneille), statuaire.

Theunissen (Paul), statuaire.

Thibaut, chef de bureau retraité du ministère des Finances.

Thierry (Paul), fabricant de chaussures.

Thiroloix, docteur.

Thiroux (Hector), docteur.

Thorez (Émile), ingénieur.

Thouin (Maurice), inspecteur de l'exploitation du Chemin de fer du Nord.

Thuilliez (Maurice), avocat.

Tiercy (Georges), chansonnier.

Tilloy (Maurice), distillateur.

Tison, docteur.

Titren (T.), vice-président du bureau de bienfaisance de Lille.

Toitot (Emile), licencié en droit.

Trinquet (Albert).

Trystram, sénateur du Nord.

Turck (Georges), sculpteur.

Turck (Hector), banquier.

Vaillant (Léon), professeur au Muséum.

Vainet, ingénieur.

Valadon, dentiste.

Valeur (Armand), préparateur au collège de France.

Vallée, député du Pas-de-Calais.

Vandenabeele, docteur.

Vandenbosch (J.), filateur.

Vandenbroucque (Émile), pharmacien.

Van den Vaero, attaché au ministère des Finances.

Vandewalle, avoué.

Vandon Ghem (Valéry).

Van Driesten, artiste peintre.

Van Elslande (Pierre), avocat.

Vanlaethem (Léon), ingénieur civil.

Vansteenberghe, pharmacien.

Van Zeller d'Oosthove (Roger), propriétaire.

Vassart (Edmond), banquier.

Vasseur (Léon), compositeur de musique.

Vasticar (Emile-Eugène), docteur.

Vatin, avocat.

Vautier (Antoine), industriel.

Verbrugghe, médecin-dentiste.

Vermersch (Louis), (hôtel Impérial).

Viseur, sénateur.

Vitraut, commandant.

Wagret (Georges), brasseur.

Wailly (Paul de), compositeur de musique.

Wallart (Pierre), représentant de commerce.

Wallart, expert comptable.

Wallet (Albert-Charles), artiste peintre.

Wallet (Victor), publiciste.

Wantiez, ingénieur civil.

Wantiez (Fernand-Alfred), commis à la préfecture de la Seine.

Watteau (Léon), liquoriste.

Wattebled (Marcel), attaché au Ministre du Commerce.

Watteeuw, directeur du *Broutteux*.

Wattine (Louis).

Wattez, payeur particulier aux armées.

Wauquier (Georges), ingénieur civil.

Wauty (Octave), directeur des Contributions indirectes.

Waxin (François).

Way, ancien membre de la Chambre de Commerce de Paris.

Weerts, artiste peintre.

Wiart (Eugène), artiste peintre.

Wiart, architecte décorateur.

Willame (F.), comptable.

Wille (Henri).

Williame (Paul), artiste peintre.

Winter (de), directeur de l'Ecole des Beaux-Arts de Lille.

Wulverich.

Zoude (Léon), ingénieur.

LISTE

DES

SOUSCRIPTEURS NE FAISANT PAS PARTIE

DE L'ASSOCIATION

MM. LOUBET (Emile), président de la République. — WALDECK-ROUSSEAU, ministre de l'Intérieur, président du Conseil des ministres. — LEYGUES, ministre de l'Instruction publique et des Beaux-Arts. — BRUNETIÈRE (Ferdinand), de l'Académie française. — HEDDE (Ivan). — VOURLOND (Gustave). — Mme MONPROFIT, mère. — SOHER (Jules de). — HEYMANN (Achille). — SCELLIER (comte Paul de). — MEYER (Lucien), capitaine d'artillerie. — LEFÈVRE (Fernand). — GAILHARD (Pierre), directeur de l'Opéra. — CAIN (Henri), artiste peintre ; auteur dramatique. — CALABRÉSI, ancien directeur du théâtre royal de la Monnaie à Bruxelles. — MICHEAU (Henri), directeur du théâtre des Nouveautés. — MASSÉ (Georges). — FROMONT, éditeur de musique. — SOUBIES (Albert), homme de lettres. — DUPONT (Paul), éditeur. — GRUS (Léon). — BOUVIER (Félix). — RABATÉ DE MEAUX. — MEUNIER, colonel. — POUTARD (Emile). — HOUSSÉ (Mme). — HEUGEL (Henri), éditeur de musique. — ROGER (Gustave), agent général de la Société des auteurs. — PELLERIN (Georges), agent général de la Société des auteurs. — FLAMMARION (Ernest), éditeur. — MONPROFIT, de la maison Flammarion. — CLARETIE (Jules), de l'Académie française, administrateur général de la Comédie-Française. — CHOUDENS (Paul de), éditeur de musique. — QUINZARD, éditeur de musique. — Le général CLÉMENT. — RONCERAY. — YVETTE GUILBERT (Mme). — HERVIEU (Paul), de l'Académie française. — POREL, directeur du théâtre du Vaudeville. — GANDREY, administrateur général du théâtre national de l'Opéra-Comique. — Le colonel CHAPEL. — BIGNON. — DEMAGNY, secrétaire général du ministère de l'Intérieur. — MUHFELD (Lucien), homme de lettres. — BERNHEIM (Adrien), commissaire du gouvernement près les Théâtres subventionnés. — SAINT-QUENTIN (Alfred de), ancien capitaine de mobiles du Pas-de-Calais. — SARDOU (Victorien), de l'Académie française. — DES CHAPELLES, ancien chef du bureau des Théâtres. — LARROUMET, secrétaire perpétuel de l'Académie des Beaux-Arts. — PATÉ (Lucien), homme de lettres. — Le colonel comte de LA CORNULLIÈRE. — BRANDÈS (Frédéric). — MEYER, directeur du *Gaulois*. — DURÉAULT, préfet du Pas-de-Calais. — ADÉRER, président de l'Association de la Critique. — BERTHOULAT, directeur de la *Liberté*. — Le Cercle national des armées de Terre et de Mer. — FOURCAUD. — PETIT (Charles). — PREVET, sénateur. — NAHMIAS (Alfred). — RZEWUSKI (Stanislas). — DE SAINT-ARROMAN. — Le baron de CLAYE. — Le commandant HUGUET. — GAILLARD (Joseph). — Le Préfet de Police. — Le Préfet de la Seine. —

Deschanel (Paul), président de la Chambre des députés. — Meyer (Lionel). — Dr Aubeau. — Bernheim (Alexandre), jeune. — Schlolm (Emile), administrateur du *Gaulois*. — Dehéb (Mme Albert). — Griffith (Thomas). — Kerst (Léon), rédacteur au *Petit Journal*. — Pfeiffer (Georges), compositeur de musique. — Stoullig (Edmond). — Dettelbach (Charles). — Franck (Alphonse), directeur du théâtre du Gymnase. — Franconi (Charles), directeur du Cirque d'Hiver. — Berger (Georges), député de la Seine. — Maugras (Gaston). — Vitu (Maxime-Auguste). — De Rothschild, frères. — Van Loo (Albert), auteur dramatique. — Banès (Antoine), compositeur de musique. — Teste (Louis). — Moine (Auguste). — Rameau (Jean). — Fay, notaire. — Chenu (A.-V.). — Mitchell (Robert). — Ohnet (Georges). — Trousselle (Roger). — Rostand (Edmond), de l'Académie française. — Camondo (comte de). — Baudelac (Albert). — Hébrard (Adrien), directeur du *Temps*. — Gers (Paul). — Bruneau (Alfred). — Le Senne (Camille). — Craffe. — Porto-Riche (Georges de). — Godement (A.). — Lavedan (Henri), de l'Académie française. — Carolus-Duran. — Bisson (Alexandre). — Nazelle (comte de). — Vély (Adrien). — Decourcelle (Pierre). — Boyer (Mlle Rachel), de la Comédie-Française. — Ginisty (Paul), directeur de l'Odéon. — Théry (Edmond). — Widor (Ch.-M.), compositeur de musique. — Grosz. — Dubois (Théodore), membre de l'Institut, directeur du Conservatoire. — Husson. — Bernier. — Bourgoing (Mme la baronne Pierre de). — Gheusi (P.-B.). — Fursy. — Dineur. — Jugla, docteur. — Xanrof (Léon). — Bove. — Biguet (Alexandre). — Jacob (Ad.), de Valenciennes. — Kugelmann. — Lévy (Armand). — Boniface (Maurice), auteur dramatique. — Lemaitre (Henri). — Marinoni, directeur du *Petit Journal*. — Lenglet, maire d'Arras. — Schmoll (Henri). — Turot (Henri). — Delard (Eugène). — Avon (Théodore). — Molé-Truffier (Mme). — Prudhommeaux (Charles). — Trystram (Jean), président de la Chambre de Commerce de Dunkerque. — Serrand, docteur. — Dauphin (Mlle Lucienne). — Dottin. — Fournier (Ed.). — Sirot, député. — Le Recteur de l'Académie de Lille. — Leroy (Stéphane). — Basly, député. — Le général Robert. — Sezary, officier principal. — Demory, officier d'administration. — Le général Sage. — Petitjean, enseigne de vaisseau. — Gibert, ex-lieutenant. — Gautier, payeur particulier. — Le capitaine Bonnaud. — De Villeneuve, officier. — Le capitaine Béchet. — Motsch, lieutenant de vaisseau. — Mathieu (Charles), avocat à Douai.

La Betterave

Celui qui le premier a eu l'idée de créer, à Paris, une Association départementale ayant pour but de permettre aux Français d'une même région, transplantés dans la capitale, de se retrouver à certains jours fixés, de se solidariser pour le bien et l'utile, d'évoquer des souvenirs du pays, d'aider aux efforts des débutants, celui-là a bien mérité de son pays d'origine. Il a justifié le nom de philanthrope, de bienfaiteur de l'humanité. Il offrait aux vieilles amitiés, aux camaraderies d'enfance, l'assurance de se conserver à travers la vie. Il en favorisait de nouvelles, destinées à grandir sous l'aile des premières. Il rapprochait les bras et les cœurs dans une union solide de fraternité, sans toutefois séparer la petite patrie de la grande, sans enlever à la grande force nationale aucun des rouages nécessaires à son puissant fonctionnement.

Ces réunions étaient d'autant plus nécessaires que la vie provinciale n'est plus ce qu'elle était au temps de nos grand'mères. La facilité, le besoin des déplacements entraînent maintenant fatalement loin de leur pays natal une foule de gens qu'une communauté d'origine semblait autrefois appeler à vivre les uns près des autres. La Société moderne est plus que jamais éparpillée ; elle est condamnée à s'éparpiller davantage, et c'est surtout vers Paris, la Ville-Lumière, que sont entraînés le plus grand nombre de ces déracinés d'origine.

Nous étions à Paris plus de cent mille habitants, originaires du Nord et du Pas-de-Calais, et l'union qui a toujours régné entre ces deux départements, les plus riches, les plus productifs sans contredit de la France entière, devait se retrouver à Paris où ils étaient représentés par une aussi grande masse de leur population.

Les Gascons, les Bourguignons, les Bretons, les Normands eux-mêmes en avaient donné l'exemple. Un industriel du Nord rencontra un jour sur le boulevard un artiste du Pas-de-Calais. Ils ne s'étaient pas vus depuis longtemps. Ils étaient heureux de se retrouver. Le soir ils dînaient ensemble dans un cabaret à la mode. Et le plaisir qu'ils éprouvèrent de cette rencontre leur inspira la bonne idée de la partager davantage. Ce plaisir serait plus grand s'ils étaient plus nombreux. Séance tenante ils prirent rendez-vous pour le mois suivant, au même jour, se promettant d'amener des camarades. Il n'en fallait pas plus pour que l'Association amicale des Enfants du Nord et du Pas-de-Calais fût fondée, dans la rencontre d'une poignée d'amis, dans une effusion de leurs cœurs.

Le mois suivant, on se retrouvait cette fois dix à table, puis vingt, puis cinquante. La première réunion importante eut lieu dans les salons du Grand-Hôtel où le dîner réunit plus de cent couverts. Le mois suivant on se comptait au nombre de 150 chez Véfour.

Il ne suffisait pas de se réunir, il fallait donner un but à cette réunion, justifier sa création, l'orienter dans une direction généreuse, lui donner des lois, instituer des administrateurs, afin d'assurer le fonctionnement normal de la nouvelle Société pour le bien de tous. Ainsi fut fait.

La Société eut désormais un code, des lois, son administration. Les peintres et les sculpteurs se rencontrèrent avec les ingénieurs, les magistrats, les industriels, pour ce travail de fondation. Toutes les forces vives du pays natal étaient représentées dans l'Association nouvelle qui, sans vouloir limiter en aucune manière le nombre de ses adhérents, montra tout de suite qu'elle entendait demeurer ouverte à tous, accessible à toutes les bonnes volontés, et s'inspirer des principes de démocratie de la Société moderne, tout en poursuivant l'idéal du bien, du beau et de l'utile, dans toutes les manifestations du travail, du génie humain.

L'Association avait trouvé son nom dans un sentiment d'amitié et de concorde où elle avait également puisé ses principes, sa raison d'être. Elle voulait avoir comme d'autres son sobriquet, son étiquette familière et symbolique. C'était l'époque où grâce à une législation tutélaire la culture betteravière reflorissait dans notre pays. L'extension de cette culture en avait développé la prospérité et la richesse. La Betterave nourrissait et éclairait le monde. Elle nous apportait un symbole et un panache. Pourquoi ne pas arborer le titre de la Betterave ? Et le nom de la Betterave fut choisi. Il suscita bien quelques dissidences. Quelques-uns ne reconnaissaient pas en ce légume assez de noblesse pour servir de drapeau, de symbole à notre Société ; comme si la pomme d'air ou de terre, la tomate, l'aubergine qu'ont arborées d'autres sociétés avant nous, ne sont pas toutes comme la betterave des fruits de la terre, propres à représenter les idées de ceux qui les cultivent.

La Betterave était donc fondée. Elle existait. Elle se développait à vue d'œil. Elle connut à la vérité les difficultés du début. Il lui fallut se dégager des préjugés inhérents à toute tentative de création nouvelle. Il lui fallut combattre des mauvais vouloirs, des hostilités, des préventions. Elle triompha de tous les obstacles grâce à de bienfaisants concours, à de généreuses initiatives, à de puissants dévouements. Après quelques années de tâtonnements, elle se trouvait définitivement installée sur des bases solides qui en ont fait une des sociétés les plus importantes parmi les sociétés départementales. Nous ne pouvons que remercier hautement ici les ouvriers de la première heure qui ont eu foi dans l'avenir de notre société et lui ont créé de réels moyens d'action.

Depuis dix ans, de même que la Betterave grossit dans la terre à laquelle le cultivateur a confié son germe, de même que son panache émerge triomphalement au-dessus du sol, notre Association s'est développée, multipliée. Elle a grandi. Elle ne connaît plus les inquiétudes de l'existence. Elle a sa petite fortune, sa réserve, son administration. La concorde la plus intime est sa loi. Nous sommes aujourd'hui près de mille Betteraviers, gens du Nord et du Pas-de-Calais, qui, dans le grand désert de Paris, aimons à nous retrouver chaque mois, à la même table, le verre en main, les cœurs unis, chérissant par la même pensée, dans notre pays, la France qui est notre mère à tous, et que tous nous servons par un incessant travail, par un perpétuel effort.

Telle est l'histoire de la Betterave, installée depuis plusieurs années dans les salons souvent trop étroits de Ronceray, où elle poursuit une œuvre de philanthropie et d'assistance morale entre ses adhérents, tout en devisant joyeusement, entre un verre de bière et un verre de genièvre, de ce qui fait la France grande, glorieuse, chevaleresque et prospère.

ÉDOUARD NOËL.

Programme

DE LA

Fête

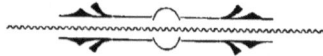

Septentrionale

du Lundi 9 décembre 1901

à l'OPÉRA - COMIQUE

1° LA MARSEILLAISE

par la

MUSIQUE DE LA GARDE RÉPUBLICAINE

sous la direction de M. GABRIEL PARÈS.

FAC-SIMILE D'UNE ÉDITION ANCIENNE

(Original à M. Henri Malo.)

FÊTE FLAMANDE.

2° FÊTE FLAMANDE

Ouverture de M. PAUL DE WAILLY

exécutée par

L'ORCHESTRE DE L'OPÉRA-COMIQUE

Sous la direction de l'Auteur.

P. de WAILLY appartient à une famille originaire de Montreuil où ses membres occupèrent des charges importantes aux XVII⁰ et XVIII⁰ siècles. Ses parents ne le destinaient point à la carrière musicale. Il travailla quelque temps avec César Franck, et ce maître insista vivement pour lui faire pousser à fond ses études musicales.

C'est à la Société nationale que P. de Wailly présenta sa première œuvre au public. En 1882 il fit entendre deux scènes de *Hylas*, poème de Jean Lorrain. La Société nationale donna presque toutes les premières auditions de ses principales œuvres que voici par ordre chronologique :

Hylas, idylle antique en 2 tableaux, poème de J. Lorrain, les *Heures*, poème symphonique en quatre parties, *Premières Feuilles*, huit pièces pour piano, *Trois Mélodies*, *Andromède*, poème symphonique, *Suite* pour piano et violoncelle, trois *Trios*, pour piano, violon et violoncelle, grand *Quintette*, pour piano, 2 violons, alto et violoncelle, *Poème*, pour instruments à archet, *Symphonie* en trois parties, *Pièces* pour flûte, violon, alto et violoncelle, *Ottetto* pour instruments à vent, et quantité d'autres pièces moins importantes.

Une première esquisse de *Fête flamande* a été exécutée à quatre mains dans une fête donnée par la *Revue du Nord* en 1895.

Toutes ces œuvres se recommandent par la grâce des idées, l'élévation de l'inspiration et la solidité de la facture.

F. DE M.

3°
NORD ET MIDI

Fantaisie-Prologue de M. Édouard NOEL (1).

PERSONNAGES.

MARIUS .... M.   COOPER.
MARION .... Melle LUCIENNE DAUPHIN.
Une voix dans la coulisse .... ⎰
Une voix dans la salle................. ⎱ M.   MESMAÈCKER.

(1) Noël (Edouard-Marie-Emile), avocat, homme de lettres, auteur dramatique,
lecteur-examinateur à la Comédie-Française, né à Arras, le 24 Octobre 1848. A fait

L'ouverture de Fête flamande vient de finir.

Marius paraît au coin gauche de l'avant-scène, rideau baissé. Il a son pardessus sur le bras, sa canne à la main, le chapeau légèrement incliné sur l'oreille, un cigare à la bouche. Il s'avance vers le trou du souffleur, tout en continuant à parler à quelqu'un qui est censé demeurer dans la coulisse. Accent légèrement méridional.

MARIUS.

Laissez-moi, je vous prie... Vous m'ennuyez à la fin... On n'a pas idée d'un pareil entêtement... je vous dis que vous avez tort.

VOIX DANS LA COULISSE.

C'est vous qui avez tort.

MARIUS.

Non.

LA VOIX.

Si.

MARIUS.

Je vous dis que c'est vous.

LA VOIX.

Allez vous promener.

MARIUS.

Hein !... Quoi ?... Qu'est-ce que vous dites ?

LA VOIX, *plus fort.*

Allez vous promener.

---

représenter : à l'Opéra, *Deidamie ;* à la Comédie-Française, *Prologue à Bérénice* et *Plus qu'un homme ;* à l'Opéra-Comique, *La Chambre bleue ;* à l'Odéon, *David Téniers, Tragédie et Comédie ;* au Gymnase, *Un Monsieur qui a bien dîné ;* à l'Athénée, *Le Comte Roger ;* aux Bouffes Parisiens, *Le Singe d'une nuit d'été,* etc. A publié : LES CENT JOURS, *scènes historiques de 1815 ;* BRUMAIRE, *scènes historiques de l'an VIII (1799), Les fiancés de Thermidor, Le Capitaine Loys, Rosie, Thi Teu, Une mélodie de Schubert, Les petits vers d'un joueur de flûte, Les manœuvres de forteresse, Aventure incroyable et véridique de Modeste Parambez de Beaucaire,* etc.

Marius.

Vous n'avez pas besoin de crier si fort... j'avais bien entendu... Allez, vous n'êtes qu'un impertinent... un mal appris... Les voilà bien ces gens du N... ces fabricants de sucre... Ils sont entêtés comme trente-six pains... Ils ne veulent jamais démordre de leurs idées...

(S'adressant au chef d'orchestre.)

Voyons, monsieur le chef d'orchestre... je vous prends à témoin... Qu'est-ce que vous venez de jouer ?... oui... là... tout à l'heure ?... Une ouverture !... Bon !... Et de qui est-elle cette ouverture, s'il vous plaît ? ... D'un musicien du Nord...

(Se tournant vers la coulisse.)

Là !... Qu'est-ce que je vous disais ?...

(Revenant au chef d'orchestre.)

Et qu'est-ce que vous allez jouer maintenant ?... L'œuvre lyrique d'un musicien du Nord... Parbleu !... Encore !... Et qu'est-ce que vous jouerez après ?... Passez-moi donc le programme... Lisez... Du Nord... Toujours du Nord !...

(A la coulisse.)

Vous voyez bien... Avais-je raison ?... Êtes-vous convaincu ? Il n'y en a que pour vous...

(Se rendant compte qu'il est seul.)

Tiens !... Il n'est plus là... Il est parti... Ma foi, tant mieux !... Il m'agaçait...

(Saluant la salle.)

Au fait, vous ne savez pas... vous n'êtes pas au courant... Il faut que je vous y mette...

Mesdames et Messieurs, je vous présente un homme du Midi... outré, ou plutôt un homme outré du Midi... comme vous voudrez... Et quand je dis que je suis du Midi... c'est une façon de parler... car je suis même de midi trois quarts... attendu que c'est l'heure à laquelle je suis venu au monde.

Or, j'aime mon pays ... du Midi ... Cela n'a rien d'extraordinaire... N'est-il pas vrai ?... Ce matin, je rencontre Chose... Machin... de Roubaix... par conséquent un homme du Nord... un entêté ... un fabricant de sucre... Et quand celui-là a dit : Je suis de Roubaix... Ah !... il faut l'entendre... c'est absolument comme nous disons, nous autres : Je suis d'Agen... ou Je suis de Bordeaux...

Nous causons... Ne voilà-t-il pas qu'il m'entreprend sur mon méridionalisme en général... et sur le méridionalisme en particulier...

— Té !... mon bon, me dit-il, avec son gros accent flamand... car, ces gens-là ont de l'accent tout comme nous... Savez-vous...... Vous autres gens du Midi... vous êtes insatiables... il n'y en a que pour vous... Tout pour vous !... Dans la politique, dans les arts, dans la littérature, dans le commerce, dans l'industrie, vous accaparez tout... ah !... vous en faites du bruit et du tapage... on n'entend que vous.

J'étais indigné !... Concevez-vous une pareille outrecuidance !... Nous, gens du Midi, nous faisons du bruit... Nous accaparons tout... Mais c'est tout le contraire.

(*A la salle.*)

Voyons, Mesdames et Messieurs, je vous le demande... en toute franchise... Quelqu'un a-t-il parmi vous jamais entendu parler des Cadets de Gascogne ?

Voix DANS LA SALLE.

Jamais !

MARIUS.

Merci... A la bonne heure... Voilà des gens raisonnables et qui ne font jamais parler d'eux.

— C'est vous autres, gens du Nord, lui répondis-je, qui faites du bruit, qui accaparez tout... Il n'y en a que pour vous... C'est dégoûtant !...

Nous traversions justement la rue de Lille... Ce fut un trait de lumière... Elle me venait du Nord... toujours... Et tenez, voyez plutôt, ajoutai-je, où sommes-nous ici ?... Rue de Lille, et combien d'autres rues avez-vous à Paris ?... La rue de Calais... la rue de Dunkerque... la rue de Flandre... la rue de Douai... la rue... Est-ce que je sais ?... je n'en finirais pas de citer toutes vos rues. Cent rues du Nord pour un pauvre petit boulevard du Midi !... Vous avez même une salle... oui... la salle d'Arras... Est-ce que nous avons la salle de Toulouse ?... ou la salle de Marseille ?... Vous avez même une gare... la gare du Nord !... Avons-nous seulement une pauvre petite gare du Midi... à Paris ?... Il est vrai qu'il y en a une à Bruxelles... Vous avez même réussi à transporter le bois de Boulogne... à Paris... tellement vous êtes intrigants...

Vous nous reprochez nos hommes d'Etat ?... D'abord, il n'y en a pas tant que ça... Et puis ce sont tous des gens solides... ça, vous ne le nierez pas... et vous avez rudement de la veine de les avoir... Sans eux... qu'est-ce qui se passerait ?... D'ailleurs vous en avez eu assez des hommes d'Etat... sous Louis XIV... et même sous Charlemagne... et sous Clovis donc... A notre tour.

Oh ! je sais bien ce que vous avez inventé... parbleu !... Le Midi bouge !... Et puis après ?... vous croyez avoir tout dit quand vous avez dit ça... Vous croyez nous avoir écrasés... D'abord ce n'est pas vous qui avez dit cette mémorable parole... C'est un savant... un grand savant... un nommé Galilée... il y a trois cents ans de cela... Traduit en police correctionnelle... pour délit de presse... il se campa fièrement devant le président qui voulait contester la chose, et lui dit comme ça, en remuant le pied : « Et pourtant le Midi bouge !... »

VOIX DANS LA SALLE.

Ça n'est pas vrai... Il n'a pas dit cela...

MARIUS, *cherchant dans la salle.*

Comment ! ça n'est pas vrai ?... Comment ! Galilée n'a pas dit ça ?... je voudrais bien savoir quel est l'audacieux qui vient de se permettre de me donner un pareil démenti... Si je le connaissais !... Encore un homme du Nord, probablement... Un entêté... Un fabricant de sucre ! ... Parbleu !... Il n'y a que des hommes du Nord... aujourd'hui dans la salle de l'Opéra-Comique... C'en est plein... Ils ont pris toutes les places... Public du Nord !... Spectacle du Nord !... Tout pour le septentrion !... N'avais-je pas raison ? C'est dégoûtant.

(*Apercevant Marion qui vient de paraître au coin de l'avant-scène, à droite.*)

Fichtre !... la jolie personne... Attention, Marius, de la tenue... le Midi a les yeux sur toi... (*S'approchant et saluant.*) Madame vient sans doute pour la représentation ?...

MARION.

Oui, mon cher Marius, j'arrive par la gare du Nord...

MARIUS.

Le Nord !... je n'entendrai donc parler que de cela aujourd'hui... C'est à devenir enragé !... Tout pour le Nord !...

MARION.

Holà!... dis pour la France et tu parleras mieux.
C'est pour le proclamer que je viens, en ces lieux,
Te donner devant tous, un moment, la réplique,
Et saluer d'abord, de notre République,
Le Chef élu, celui que nous vénérons tous...
Un bon Français, tout comme toi, tout comme nous.
Nombreux sont les clochers, mais il n'est qu'une France;
Son génie est partout et, sous son aile immense,
Elle abrite, je tiens très haut à l'affirmer,
Des millions de cœurs nés pour battre et s'aimer.
Certes, le Midi bouge autant que le Nord même;
Ils ont les trois couleurs pour guide et pour emblème;
Ils portent l'un et l'autre, en leurs généreux flancs,
Tout autant de vertus, tout autant de talents.
Te souviens-tu des jours fameux de notre Histoire
Où, la main dans la main et cherchant moins la gloire
Que le bonheur du Monde et de l'Humanité,
Nous combattions, n'ayant qu'un but: la Liberté!...
Ces temps sont loin de nous; les luttes pacifiques
Du monde ont effacé les discordes antiques;
Nous goûtons, grâce au Ciel, les douceurs de la paix...
La science nous verse à l'envi ses bienfaits...
Et du reste, regarde autour de toi, sois juste.
Notre Nord est-il moins que ton Midi robuste?...
Ils sont forts l'un par l'autre et tu peux en juger...
La Nature a pris soin de nous départager...
Elle a distribué ses dons de telle sorte
Que chaque région par elle-même est forte.
Et les labeurs unis de leurs milliers d'enfants
Font, dans un même effort, les espoirs triomphants.
(*Changeant de ton.*)
Si vous avez le vin, nous, nous avons la bière.
A vous la cuve, à nous la bouillante chaudière,
Qui sont comme l'image en feu de nos cerveaux
D'où jaillissent les arts et les progrès nouveaux.
Vous avez vos vertus et nous avons les nôtres.
Vous avez vos bouilleurs de cru, comme nous autres.

MARIUS, *se rengorgeant avec une fierté comique.*

Nous bouillons!...

MARION.

Vous bouillez !... De quoi vous plaignez-vous ?
Et le Nord n'est pas plus que le Midi jaloux.
Quand nous travaillons tous pour la même fortune,
Nous sommes... réunis dans une œuvre commune,
Cherchant la même gloire et les mêmes succès,
De l'Est à l'Ouest, du Nord au Midi, tous Français.

MARIUS.

A la bonne heure, voilà qui est bien parlé. Vous, du moins, vous
êtes une personne raisonnable... La main dans la main, ma commère !
... et Vive la France !... Vive la République !...

LA VOIX DANS LA SALLE.

Vive la Betterave !...

MARIUS, *à la salle.*

Et maintenant, Mesdames et Messieurs, que la fête commence...
ou plutôt qu'elle continue.

(*Ils saluent et sortent. — L'orchestre attaque aussitôt les premières
mesures de l'ouverture de* ROSE ET COLAS.)

4° ROSE ET COLAS (1)

Opéra-Comique en un acte, paroles de Sedaine,
musique de MONSIGNY.

PREMIÈRE REPRÉSENTATION (REPRISE)

PERSONNAGES

MATHURIN, fermier, père de Rose...... MM. JACQUIN.

PIERRE LEROUX, fermier, père de Colas.   CAZENEUVE

COLAS ....   JAHN.

ROSE......... .... Mlles EYREAMS.

LA MÈRE BOBI ....   CHEVALIER.

Mise en scène de M. ALBERT CARRÉ

Chef d'orchestre : M. GIANNINI

Entr'acte : DIX MINUTES

(1) Ce petit chef-d'œuvre de notre compatriote Monsigny fut représenté pour la première fois à la Comédie-Italienne, le 8 mai 1764. Il appartient à la première période du genre de l'opéra-comique. Il a joui longtemps d'une vogue qui s'explique par le tour naturel du dialogue et de la musique. Plusieurs morceaux sont demeurés célèbres : l'ariette de *Pauvre Colas*, chantée par Rose ; l'air, d'un seul mouvement, de *La Mère Bobi ;* le duo : *Ah! comme il y viendra*, d'un bon caractère comique ; un air tout à fait gracieux chanté par Colas: *C'est ici que Rose respire*, et enfin la chanson de Rose : *Il était un oiseau gris comme une souris.* L'ouvrage de *Rose et Colas* fut repris à l'Opéra-Comique le 12 mai 1862, sous la direction d'Émile Perrin. Les rôles alors en furent chantés par MM. Montaubry (Colas), Cronti (Mathurin), Sainte-Foy (Pierre Leroux) ; Melle Tual (Rose), Mme Lemercier (La mère Bobi).

MONSIGNY (Pierre-Alexandre de)

Fauquembergues, 17 octobre 1729 — Paris, 14 janvier 1817.

MONSIGNY. — Doué d'une sensibilité exquise et d'un instinct musical véritablement étonnant, Monsigny est un de ces hommes de génie dont les études classiques furent insuffisantes. Privé des éléments caractéristiques de la musique, Monsigny reporta la sensibilité profonde de son âme sur la mélodie, forme primitive de l'art dramatique encore en enfance.

Sa musique est toute empreinte du sentiment de la nature qui s'était développé en lui dans les jolis paysages de l'Artois, où ses premières années s'écoulèrent. En écrivant ses charmantes partitions de *Rose et Colas* et du *Déserteur*, Monsigny devait se rappeler la vallée, étroite, entourée de collines, dans laquelle serpente l'Aa, les blanches maisons du bourg natal s'étageant sur le coteau, la vieille tour de l'église se réflétant dans les eaux limpides, et c'est pour cette raison que le paysage musical, agreste et pittoresque, est si naïvement et si exactement dépeint dans ses partitions.

Il emprunte aux Italiens la carrure de leur phrase chantante; il met dans ce chant, encore vague, la vérité de la déclamation juste, l'expression sincère du sentiment. Cela ne suffit plus à présent, j'en conviens. Mais je ne sais si, au lieu de le blâmer de son instrumentation sèche, de son harmonie pauvre, nous ne devons pas au contraire le glorifier pour avoir su, ne possédant que la moitié des ressources offertes au compositeur de génie par l'art musical moderne, admirablement exhaler son âme d'artiste dans de suaves cantilènes, que la faux du temps, qui brise tout, a jusqu'à présent respectées.

F. DE MÉNIL.

Maquette du décor de ROSES ROUGES.

5°

Première représentation

DE

Roses Rouges

Comédie historique en un acte,
par MM. Émile BLÉMONT et Jules TRUFFIER.
Musique de scène de M. J. TIERSOT.

PERSONNAGES

DUBOIS DE FOSSEUX, 40 ans.........	MM. Ch. PRUD'HON	
LAZARE CARNOT, 31 ans..............	G. BAILLET	
MAXIMILIEN DE ROBESPIERRE, 26 ans.	LEITNER	
RAYMOND DE GORRE, 28 ans........	DEHELLY	
LE DOCTEUR TARANGET, 35 ans......	L. DELAUNAY	de la Comédie-Française.
FOUCHÉ, 31 ans.....................	BARRAL	
LE MARQUIS DE VAUGRENANT, 50 ans.	RAVET	
BERGAIGNE, 25 ans..................	CROUÉ	
LE GAY, 25 ans.....................	H. MAYER	
LA FLAMBE, ordonnance du capitaine Carnot, 21 ans.......	ROUSSEAU	
ANAÏS, 20 ans........................	Mlles J. BERTINY	de la Comédie-Française.
MODESTE, servante, 25 ans............	LECONTE	

M. BAILLET,

Sociétaire de la Comédie-Française ;
né à Valenciennes, le 8 juillet 1848.

Cl. Studio.

*En 1784, par une belle matinée d'été, à Blangy,
hors des murs d'Arras, dans le jardin où la table est
dressée pour le banquet des Rosati, sous les acacias
et les troènes.*

SCÈNE I

ANAÏS, MODESTE.

MODESTE, *plaçant des roses sur la table du banquet.*

Personne au moins n' vous a vue, mamzelle Anaïs ?

ANAÏS, *aidant Modeste.*

Personne, ma chère Modeste. Nous avons quitté Arras de si bonne
heure, Thérèse et moi! Aussitôt arrivées là-bas, j'ai laissé Thérèse
à la métairie, où j'irai la rejoindre ce soir. J'ai pris dans ce panier
léger les hardes que je dois revêtir; vite, je suis partie, seule,
à pied, sous les arbres; je suis entrée céans par la porte du fond, et,
ni vue, ni connue, me voici.

MODESTE.

Vous êtes bien décidée ?

ANAÏS.

Certes ! et ça ne fera pas un pli. Transformée en petite servante, je vais, sous tes ordres, assister, sans que messieurs les Rosati le soupçonnent, à leur fête des Roses. Je serai là comme Peau d'Ane. Pourquoi donc n'y a-t-il que des roses rouges ?

MODESTE.

Les roses blanches sont vos préférées ?

ANAÏS.

Oui ; et je n'en vois pas une seule.

MODESTE.

Pour messieurs les Rosati, une rose qui n'est pas rose n'est pas une rose. Mais ils vous connaissent presque tous ; pouvez-vous croire que pas un d'eux ne vous reconnaîtra ?

ANAÏS.

Tous, ils ont grand appétit ; tous, ils sont poètes ; ils seront donc tous beaucoup trop occupés d'eux-mêmes pour prendre garde à moi. Et je me ressemblerai si peu, une fois fagotée comme il faut ! Mais dépêchons-nous ; on pourrait nous surprendre.

MODESTE.

Ils n'arrivent jamais d'avance. D'ailleurs, j'ai fermé à clé. Le premier qui voudra entrer, qu'il carillonne !

ANAÏS.

Viens m'aider ; le couvert est mis, et voilà des roses partout.

MODESTE.

Ils en apporteront bien davantage. Une orgie ! Mais La Flambe se charg'ra d' les arranger.

ANAÏS.

La Flambe ?

MODESTE.

L'ordonnance du capitaine Carnot ?

ANAÏS.

Ah! oui. Il te fait la cour, je crois, monsieur La Flambe?

MODESTE.

Comme le capitaine Carnot vous fait la sienne. Mais j' n'ai aucun aut' galant à mes trousses, moi, tandis que l' capitaine compte, auprès d' vous, deux rivaux : maît' Maximilien d' Robespierre et maît' Raymond d' Gorre.

ANAÏS.

Aussi, tu es bien tranquille, tandis que je me trouve passablement embarrassée.

MODESTE.

Et pour sortir d'embarras, vous avez imaginé c' beau tour! Vous n'avez pas d' bon sens. M'sieu Maximilien s'rait certainement pour vous l' meilleur des maris. Vous l' connaissez à souhait, il est vot' cousin.

ANAÏS.

Ne fais pas la moue. Tu es donc toujours aussi nerveuse, depuis que tu as quitté notre service à la ville pour respirer ici le grand air?

MODESTE.

Je n' suis pas encore bien solide. A des moments, je m' sens légère comme une chèvre, et tout d'un coup, j' tombe anéantie. J'ai des vertiges et comme des visions. Mais il n' s'agit pas d' moi. N'avez-vous pris conseil de personne, avant d' venir?

ANAÏS.

Parrain est dans la confidence.

MODESTE.

M'sieu d' Fosseux?

ANAÏS.

Je l'ai prévenu ce matin, par une lettre qu'il a dû recevoir une demi-heure après mon départ.

MODESTE.

Prendra-t-il bien la chose?

ANAÏS.

Poltronne ! Parrain n'a jamais su me refuser rien. C'est mon esclave. S'il résiste, je le battrai. Il est bien entendu que je passerai pour ta sœur cadette, Nicole, venue censément de Boulogne ici, en apprentissage, depuis quelques jours.

MODESTE.

J' l'appelle Colette et j' la tutoie. Ça vous va-t-il ?

ANAÏS.

Va pour Colette !

(On sonne au dehors.)

ANAÏS.

Chut !

UNE VOIX, *à la cantonade.*

Ouvrez donc !

ANAÏS, *tout bas.*

C'est parrain.

MODESTE, *même jeu.*

Que faire ?

ANAÏS.

Je cours m'habiller dans ta chambre.

MODESTE.

Et après ?

ANAÏS, *rapidement, à l'oreille de Modeste.*

Dis-lui que j'ai eu des scrupules, que je suis retournée à Arras et que c'est ta vraie sœur Colette qui doit t'aider. Là-dessus, je viendrai. Gageons qu'il ne me reconnaîtra pas.

FOSSEUX, *à la cantonade.*

Modeste !.. Modeste !.. Il n'y a donc personne ?

MODESTE, *à haute voix.*

On y va. *(Bas à Anaïs en riant.)* J' comprends.

(Anaïs se sauve d'un côté et Modeste va, de l'autre, ouvrir à M. de Fosseux, avec qui elle rentre en scène).

SCÈNE II

FOSSEUX, MODESTE.

MODESTE, *faisant sa révérence.*

Vot' servante, m'sieu d' Fosseux.

FOSSEUX.

Où est Anaïs ?

MODESTE.

Elle est r'partie.

FOSSEUX.

Ah ! Elle a donc changé d'idée ?

MODESTE.

Ça n'a pas été long. Elle semblait prise de honte, elle tremblait, la pauv'e chère demoiselle ; même qu'elle a pleuré un brin. Et puis, crac ! elle s'est ensauvée toute rouge, pour rentrer chez son papa.

FOSSEUX.

Comment se fait-il que je ne l'aie pas rencontrée, moi qui viens de la ville, si elle y est retournée ?

MODESTE, *embarrassée.*

Mon Dieu !... Mamzelle est sortie par la porte des champs pour rejoindre plus vite Thérèse. Et me v'là privée d' ses services. N'importe ! ma sœur Colette m'aid'ra beaucoup mieux qu'elle. Vous la connaissez, ma p'tite sœur Colette ?

FOSSEUX.

Je ne l'ai jamais vue.

MODESTE.

Mais pendant qu' vous m' faites jaser, nos fourneaux brûlent.

FOSSEUX.

Surtout, pas trop d'épices ! Ne gâtons pas la saveur naturelle des bonnes choses.

MODESTE.

L' gourmand ! *(Elle sort.)*

o dieux! que vois-je mes amis?
un crime trop notoire
                + charmant
du nom des rosalis
va donc flétris les gloires!
o malheur affreux!
o scandale honteux
j'ose le dire a peine
pour vous j'en rougis,
pour moi j'en gemis,
ma couppe n'est pas pleine.

oh! vite donc emplisses la
de ce jus salutaire,
ou du dieu qui nous le donna
redoutez la colere.
oui, dans sa fureur
son thirse vengeur
pourra briser mon verre,
bacchus, de là haut,
a tous buveurs d'eau
lance un regard severe

                    de Robespierre

paris le 15 fevrier 1793. l'an 2nd de la république

j'ai reçu, Mon cher Concitoyen, votre lettre en date du
10 de ce mois. le voyage que j'ai fait aux pyrénées, m'a
été infiniment agréable; je n'ai pas pu y consacrer au sciences
autant de tems que je l'aurois désiré, parceque j'étois maîtrisé
par le tourbillon des affaires Cependant j'ai vu les savans
particulièrement à toulouse ou j'ai fait Connoissance avec
l'évêque fermet homme de merite et le citoyen picot de lapeyrouse
qui est assez Connu parmi les naturalistes. guyton morveau
mon Compatriote et Mon collégue au comité Diplomatique, me charge
de le rappeler à votre souvenir; nous mettons quelquefois ensemble la
politique de Côté pour nous ocuper de sciences, mais ce ne peut être
que bien légèrement. car nous n'avons pas le tems de nous reconnoit.

guyton m'a souvent parlé du parti que l'on pourroit tirer
à la guerre des ballons, vous vous rencontrez à Ce sujet il
pense qu'ils pourroient être infiniment utiles; je n'en doute pas
mais c'est à nos généraux à faire usage de toutes les ressources
de leur art, on ne peut pas leur rien prescrire à ce sujet, et il
est à craindre qu'ils ne suivent encore longtems leur routine

faites agréer je vous prie, mes hommages à votre chère
moitié, et permettez que j'embrasse vos aimables petits republicains
      salut et fraternité

                              Lar. Carnot

SCÈNE III

FOSSEUX, seul.

FOSSEUX.

Je savais bien qu'Anaïs reculerait devant une pareille équipée. Elle peut tout de même se vanter, ma chère filleule, d'avoir donné une fière alerte à son parrain.

ROBESPIERRE JEUNE

SCÈNE IV

FOSSEUX, ANAÏS en servante, MODESTE.

MODESTE, *à Anaïs.*

La bouteille ici, Colette, et c'flacon à l'aut' bout d'la table ! *(Anaïs renverse une chaise.)*

FOSSEUX.

Elle n'a pas l'air dégourdie, ta sœur Colette.

MODESTE.

C'est tout jeune, ça n'sait rien de rien. Mais j'lui apprendrai les belles façons. Salue donc m'sieu d'Fosseux, p'tiote !

ANAÏS, *avec une révérence rustique.*

Ben l'bonjou, mon biau seigneu'. Ça va-t-i hardiment cheu vous ?

FOSSEUX.

Merci, ma chère enfant.

ANAÏS.

En v'la-t-i d'ces roses, hein ! J'croyons point qu'y en avait tant que ça au monde. Dis, Modeste, est-ce que les gens du lieu, ils s'en fourrent comme on croque des pommes et des pouarres ? C'te nourriture-là n'doit pas les engraisser lourd. *(Elle s'éloigne un peu.)*

FOSSEUX, *à Modeste.*

Une vraie sauvagesse.

ANAÏS, *qui se retourne, revient vers Fosseux et lui prend les mains en éclatant de rire.*

Fi, le vilain ! il ne m'a pas reconnue !

FOSSEUX, *stupéfait.*

Anaïs !

ANAÏS, *gaîment.*

Pour vous servi', mon biau seigneu'. *(Elle refait sa révérence et se remet à rire devant la stupéfaction de Fosseux.)*

FOSSEUX.

Petite malheureuse !

ANAÏS.

Voulez-vous bien être plus aimable ?

FOSSEUX.

Habille-toi vite, je t'emmène.

ANAÏS.

Nenni !

FOSSEUX.

Le temps presse. Je ne plaisante pas.

ANAÏS.

Croit-il me faire peur avec ses airs féroces ?

FOSSEUX.

Je t'en prie, je t'en supplie, Anaïs. Où veux-tu en venir, au nom du ciel ?

ANAÏS.

J'ai promis à mes soupirants de leur donner réponse demain; il faut que, dès aujourd'hui, je sois édifiée sur leur compte. Je n'ai plus ma mère, hélas! et je suis forcée de me défendre moi-même. Voulez-vous que je m'engage à l'aveuglette, quand c'est pour la vie? Jusqu'au *oui* solennel, ceux qui assiègent notre cœur jouent devant nous, parfois sans en avoir conscience, une petite comédie où ils dissimulent avec soin tout ce qui leur pourrait nuire, et s'appliquent à mettre en lumière tout ce qu'ils croient devoir nous charmer. Vrai miroir aux alouettes! Le naturel n'apparaît que le jour où nous ne pouvons plus dire non. Et quel désespoir alors pour les trois quarts des femmes!

FOSSEUX.

Tu exagères.

ANAÏS.

Je ne suis ni sotte ni prude. Ce qu'il faut que je sache, je le saurai. Ici, entre hommes, à la fête, ces messieurs ne prendront plus la peine de se contraindre. Ils auront leur vraie attitude, leur vrai langage, leur âme véritable; et j'en apprendrai plus en quelques minutes, que si je restais encore des semaines et des mois à recevoir, les yeux baissés, leurs hommages respectueux, en faisant de la tapisserie sous nos vénérables portraits de famille.

MODESTE.

C'est bien possible.

ANAÏS.

Et je ne serai pas fâchée de constater, à l'occasion, pourquoi faire ils ont organisé leur fameuse société des Rosati.

FOSSEUX.

Quel mystère y soupçonnes-tu? Les Rosati sont les amis des roses, voilà tout. Un beau jour, il y a six ans, le 12 juin 1778, quelques bons camarades, rassemblés par l'amitié, le culte de la poésie et l'amour de la nature, passèrent ici des heures délicieuses. « Qu'un jour si beau renaisse chaque année, dirent-ils, et qu'il s'appelle la *Fête des Roses.* » Quand le temps propice est de retour, ils se réunissent donc aux champs, loin des importuns, près d'une eau vive, dans un cabinet de verdure, sous les acacias et les troènes, pour fêter ensemble, à ciel ouvert, la saison des fleurs. Ont-ils tort ?

ANAÏS.

Comment, cette année, leur fête a-t-elle été remise en juillet ?

MODESTE.

Parce que tout l'mois de juin, il a plu. Ils n'sont pas si fous qu'ils en ont l'air. Quèqu's-uns sont des gens très huppés. Nous avons l'marquis d'Vaugrenant, qui est gouverneur d'la citadelle ; m'sieu Foacé de Ruzé, du conseil d'Artois ; et même des gens d'église, l'abbé Berthe, l'abbé Roman, sans compter les membres correspondants, qui viennent parfois d'fort loin. Mais la ch'ville ouvrière de toutes leurs manigances, c'est m'sieu L'Gay, un gaillard qui mérite bien son nom.

FOSSEUX.

Robespierre doit amener un professeur du collège, son ami Fouché.

MODESTE.

Nous sommes prév'nus. Il a beaucoup d'amis, m'sieu d'Robespierre.

ANAÏS.

Tu fais tout le temps son éloge ! La Flambe doit être jaloux.

MODESTE.

N'vous moquez pas. M'sieu Maximilien est si bon ! Tenez, il adore les oiseaux. Il en a plein une chambre mansardée, au-d'ssus d'son cabinet d'travail.

ANAÏS.

Pourquoi les emprisonner là ? Moi, je leur ouvrirais la fenêtre.

MODESTE.

Ils r'viendraient dans la mansarde, mamzelle.

ANAÏS.

Il est doux, sensible, affable, ne ferait pas de mal à une mouche ; il est toujours tiré à quatre épingles, parle avec abondance et correc-tion, rime agréablement, valse bien. Mais...

MODESTE.

Y a un " mais ", petite sœur ?

FOSSEUX.

Le capitaine Carnot est un autre homme. Quel remarquable mémoire il a écrit sur les *Aérostats !*

MODESTE.

Va-t-il enl'ver vot'e filleule en ballon ?

ANAÏS.

Il est très savant. Seulement, parrain...

MODESTE.

P'tit'sœur, y a un " seul'ment " ?

ANAÏS.

Je me méfie des ambitieux. Ils ne savent pas aimer.

MODESTE.

N'est-il pas singulier que, d'vos trois adorateurs, celui dont nous avons l'moins parlé, mais auquel vous pensez l'plus, p't'être, m'sieu Raymond d'Gorre, doive être reçu Rosati aujourd'hui même, avec ses deux rivaux pour parrains ?.. Silence ! c'est La Flambe.

SCÈNE V

LES MÊMES, LA FLAMBE.

MODESTE, *à La Flambe.*

Te v'là enfin, traînard : c'est pas malheureux !

LA FLAMBE.

Serviteur à la compagnie.

MODESTE.

Prends ton tablier, harnache-toi, et tâche d'réparer l'temps perdu.

LA FLAMBE, *regardant Anaïs.*

Je n'connais pas c'te jeunesse-là.

MODESTE.

Tu sais bien qu'c'est Colette, ma p'tite sœur Colette. J't'ai dit que j'l'attendais.

LA FLAMBE.

J'aurais dû d'viner ; elle te r'ssemble. Bonjour, Colette. Permets que j't'embrasse. *(Il veut embrasser Anaïs, qui le repousse vivement et qui renverse, sans le vouloir, sur l'habit de La Flambe, un peu de l'eau qu'elle porte.)* P'tite bécasse, va ! *(Il s'essuie.)*

MODESTE, *giflant La Flambe.*

Les p'tites bécasses n'sont pas pour ton bec.

ANAÏS.

Pardon, m'sieu d' La Flambe. J' suis toute craintive. Ça me rend bête. Jamais j' n'eus pour voisin un aussi bel homme qu' vous.

LA FLAMBE, *se rengorgeant.*

J'ai eu tort d' la rudoyer. Elle n'a pas l'habitude. Mais tout d' même, elle a un fond d' bon sens....

(Anaïs sort d'un côté, tandis que, de l'autre, Le Gay entre, portant une énorme touffe de roses.)

SCÈNE VI

FOSSEUX, LE GAY, LA FLAMBE, MODESTE, puis LE MARQUIS DE VAUGRE-NANT, LE DOCTEUR TARANGET, BERGAIGNE, CARNOT, ROBESPIERRE, FOUCHÉ.

LE GAY, *à Fosseux en lui ouvrant les bras.*

Déjà arrivé ! Vous devancez les jeunes gens. *(A Modeste, puis à La Flambe.)* Bonjour, Hébé ; bonjour, Ganymède.

LA FLAMBE, *bas à Modeste.*

Qu'est-ce qu'il dit ?

MODESTE.

Des bêtises. *(A Le Gay.)* Trop aimable, m'sieu L' Gay !

FOSSEUX.

Votre bouquet est superbe, mon cher chancelier.

LE GAY.

J'ai des floraisons bien plus belles encore dans le cœur. Nous ne serons pas très nombreux aujourd'hui : voilà plus de dix lettres d'excuses. Cot marie sa sœur ; Caigniez enterre son oncle ; nos deux abbés sont en pèlerinage, etc. Mais, outre monsieur Fouché, nous aurons le docteur Taranget, arrivé hier de son voyage aux Indes Orientales. Justement, le voici, avec le marquis de Vaugrenant et Bergaigne. *(Aux trois derniers personnages nommés qui entrent, portant chacun sa gerbe de roses.)* Soyez le bienvenu, monsieur le marquis. Salut à notre savant voyageur, et salut au jeune émule de Watteau. *(Voyant paraître Carnot).* A la bonne heure ! Tout le monde est exact !

FOSSEUX, *serrant les mains à Carnot.*

Capitaine Carnot, avez-vous rimé une chanson nouvelle ?

CARNOT.

Je ne perds jamais une bonne occasion de chanter ; on déchante assez vite.

LE GAY, *apercevant Robespierre et Fouché qui entrent en causant.*

Place ! Place à l'excellent Robespierre !

ROBESPIERRE, *ses roses à la main.*

Du calme. Laissez-moi présenter mon ami Fouché, de Nantes.

FOUCHÉ.

Votre invitation, Messieurs, m'a fait grand honneur et grande joie. S'il faut hurler avec les loups, il est infiniment plus doux de célébrer les roses avec les Rosati.

LE GAY.

Hourra ! Plus on est de loups, plus on rit.

LE MARQUIS.

Me ferez-vous la grâce de me dire, monsieur de Robespierre, pourquoi, si vite, vous avez résigné vos fonctions de juge au tribunal de l'évêché ?

ROBESPIERRE.

Le tribunal avait cru devoir prononcer un arrêt de mort.

LE MARQUIS.

Et le condamné vous semblait innocent ?

ROBESPIERRE.

Non.

LE MARQUIS.

Ah !

ROBESPIERRE.

Mais faire mourir un homme ! Tranquillement, sans colère, dire le mot qui tue ! Même contre un scélérat, en a-t-on le droit ?

FOSSEUX.

Il faut bien protéger les honnêtes gens. Appliquer la loi n'est pas seulement un droit, c'est un devoir.

ROBESPIERRE.

Aussi n'ai-je pas voulu rester juge.

SCÈNE VII

LES MÊMES, RAYMOND DE GORRE, puis ANAÏS.

LE GAY, *à Raymond qui entre, portant un bouquet de roses blanches.*
Nous n'attendions plus que vous, Raymond. A un néophyte, la foi devrait donner des ailes.

(Aux paroles de Le Gay, Anaïs survient et observe la scène à l'écart.)

RAYMOND.

Soyez assez bons pour m'excuser. J'ai pris quelque retard, en allant cueillir moi-même, dans le jardin que j'ai aux champs, de l'autre côté de la ville, les fleurs que je voulais apporter.

LE GAY.

Que vois-je, grands dieux ! Des roses blanches ! Ignorez-vous que, pour un vrai Rosati, les roses blanches n'existent pas ? Rose blanche, c'est comme chou blanc. Peut-on comparer l'aube à l'aurore ?

TOUS LES ROSATI.

Jamais !

LE GAY.

Nous sommes au complet. A table ! à table ! Rosati, couronnez-vous de roses, comme Horace et Virgile !

(Le Gay et quelques convives se couronnent de roses. On se met à table en causant et en riant. Anaïs aide Modeste et La Flambe qui servent.)

RAYMOND.

Oserai-je défendre ma couleur ?

LE GAY.

L'osera-t-il, messieurs ?

LE DOCTEUR.

Qu'il s'explique !

RAYMOND.

La rose blanche est la fleur préférée d'une personne qui m'est souverainement chère.

ROBESPIERRE.

Cette personne n'est pas ici.

RAYMOND.

Oh ! non...

ANAÏS, *offrant du vin à Robespierre.*

A bouaire, m'sieu.

ROBESPIERRE, *sans faire attention à elle.*

Volontiers.

RAYMOND, *qui a tressailli à la voix d'Anaïs.*

Mais son image est toujours dans mon cœur. *(A La Flambe, en lui désignant Anaïs.)* Quelle est cette enfant ?

LA FLAMBE.

C'est Colette, la sœur à Modeste. Encore un peu verte, mais point sotte, au fond.

CARNOT, *à Anaïs qu'il regarde à peine.*

Je n'ai pas de pain.

ANAÏS.

En v'là !

CARNOT.

Merci, petite.

ANAÏS.

Vot'e servante !

(Raymond qui a tressailli de nouveau, suit des yeux un moment Anaïs qui s'éloigne le dos tourné; puis il hausse les épaules, comme pour se moquer lui-même de son alerte.)

CARNOT.

Raymond, la rose blanche est une rose dégénérée.

LE GAY.

Allez-vous rallumer la guerre des Deux-Roses ? Qu'en pense l'ami Bergaigne, en sa qualité de peintre ?

BERGAIGNE.

La rose blanche est agréable ; mais le chef-d'œuvre de la nature, c'est la rose rose. Rien est-il mieux fait pour caresser les yeux, que cet épanouissement d'une fleur en tant de nuances si fraîches, si tendres, si limpides, où la lumière semble, avec des modulations d'une grâce et d'une douceur infinies, chanter la plus suave mélodie du printemps ?

RAYMOND.

Mais depuis le flocon de neige jusqu'à l'aile du papillon, il y a aussi toute une gamme de blancheurs, et ce n'est pas la moins mélodieuse.

ROBESPIERRE.

Blanche d'abord, dit la légende, la rose devint rouge...

LE GAY.

Sous le sang d'Adonis blessé !

ROBESPIERRE.

Non. Ma mythologie n'est pas si tragique ; et justement, j'ai fait sur ce thème la chanson que je dois chanter aujourd'hui.

CARNOT.

Ne la laissons pas refroidir. Dites-la sans plus attendre.

TOUS LES ROSATI.

Dites-la.

CARNOT.

Modeste, La Flambe, du champagne ! Versez du champagne gris !

ROBESPIERRE.

Je n'ai point une assez belle voix pour me faire prier. Voici mes couplets : *(Il chante.)*

— I —

La rose était pâle jadis
Et moins chère à Zéphire ;
A la vive blancheur des lys,
Elle cédait l'empire.
Mais un jour Bacchus,
Au sein de Vénus,
Prend la fille de Flore ;
La plongeant soudain
Dans des flots de vin,
De pourpre il la colore.

— 2 —

On prétend qu'au sein de Cypris,
Deux, trois gouttes coulèrent,
Et que dès lors, parmi les lys,
Deux roses se formèrent ;
Grâce à ses couleurs,
La rose, des fleurs
Désormais fut la reine ;
Cypris, dans les cieux,
Du plus froid des dieux,
Devint la souveraine.

(Bravos unanimes. Carnot, Fosseux, puis les autres Rosati se lèvent pour trinquer avec Robespierre. Le banquet devient plus libre. Les convives vont et viennent, se rassoient, se relèvent tour à tour.)

ANAÏS, *à part, bas à Fosseux, pendant le tumulte des bravos et le choc des verres.*

Ils ne m'ont pas reconnue.

FOSSEUX, *même jeu.*

Prends garde.

MODESTE, *bas à Anaïs qui s'est promptement séparée de Fosseux.*

Méfiez-vous de m'sieu Raymond.

(Anaïs, d'instinct, tourne les yeux du côté de Raymond ; leurs regards se rencontrent ; elle ne peut s'empêcher de rougir, reste embarrassée quelques secondes, puis s'éloigne vite.)

RAYMOND, *à part.*

C'est elle.

FOUCHÉ, *à Raymond dont il a suivi le regard.*

Cette jeune villageoise a la grâce rustique de nos petites Bretonnes.

RAYMOND, *avec une volubilité hâtive.*

Oh ! les paysannes d'ici ne sont pas toutes d'épaisses Flamandes ; la race est fine et mêlée de sang espagnol. *(Au docteur.)* Mais, docteur, comme vous regardez Modeste ! Est-ce là votre type féminin ? Et tel que certains génies, préférez-vous une accorte servante à toutes les grandes dames ? *(Pendant ce dialogue, Raymond, Fouché et le docteur forment un groupe séparé.)*

Le Docteur.

Elle me rappelle une fort jolie fille que j'ai vue chez Mesmer, lors de mon dernier séjour à Paris.

Raymond.

Chez Mesmer, chez le grand magnétiseur !

Le Docteur.

Il disait, en la montrant : « Voilà mon meilleur sujet. » Il la faisait entrer à volonté dans le sommeil extatique. Je crois la voir encore, cette singulière créature, avec sa physionomie si mobile, si expressive, à côté du brillant opérateur qui, en habit lilas, sa baguette de fer à la main, dominait le baquet magique.

Fouché.

Modeste aurait-elle les mêmes aptitudes ?

Le Docteur.

Peut-être.*(Modeste et La Flambe continuent à servir; mais Anaïs, tout en les aidant, évite de se rapprocher des convives.)*

Le Marquis, *à Robespierre.*

C'est donc de Rome et d'Athènes que les roses nous sont venues ?

Carnot, *au Marquis.*

Pardon. L'Orient nous en a fourni directement quelques espèces, les plus belles, je crois. Savez-vous à qui nous devons la rose de Provins, si bien acclimatée à Fontenay ? Un preux, au creux de son heaume, la rapporta de la croisade.

Le Gay.

Une fleur qui descend des croisés, quelle noblesse !

Carnot.

Seuls, les Orientaux savent dignement adorer la rose. Elle est pour eux le symbole de la beauté suprême.

Le Docteur.

Ils en font même des confitures.

CARNOT.

Plaisantez, docteur. La rose n'en est pas moins divine. Dans l'Asie-Mineure, l'Arabie, la Perse, elle a dignement inspiré les poètes, l'illustre Sadi entre tous, le scheik Moslah-Eddin Sadi, qui naquit à Schiraz et fut étudiant à Bagdad. C'est un soir de mai, dans un jardin fleuri, qu'il entreprit son admirable *Gulistan*. Il dit à l'ami qui l'accompagnait : « La rose et la saison des roses passent vite. Restons ici, je composerai un Jardin de Roses que le vent jaloux n'effeuillera jamais. » Il dit et il tint parole ! Si j'ai un fils, je l'appellerai Sadi.

FOUCHÉ.

On se moquera de vous.

CARNOT.

Je me moquerai des moqueurs.

RAYMOND.

Ces roses de poète que n'effeuille aucun vent, me semblent un peu factices. *(Anaïs s'avance timidement pour écouter.)* Je préfère les fleurs naturelles. Leur fragilité même me les rend plus chères encore. D'ailleurs, ne sont-elles pas immortelles ? Elles renaissent chaque printemps, plus douces à leur retour que si jamais elles ne s'étaient exilées. Rien, pas même le rêve, ne vaut la nature. Faites-vous jardinier comme moi. Essayez.

ROBESPIERRE.

Il faudrait en avoir le loisir.

RAYMOND.

On trouve toujours le temps de faire ce qu'on aime.

CARNOT.

C'est vrai. J'ai trouvé le temps de lire des montagnes de livres, Ossa sur Pélion, quand j'ai eu la crise religieuse.

ROBESPIERRE.

Quelle crise ?

CARNOT.

Celle qui nous montre sans pitié le néant de tous les systèmes, et nous laisse purement déistes.

LE DOCTEUR.

C'est la crise rose. Un enfantillage auprès de la crise noire.

ROBESPIERRE.

Je plains ceux qui ne croient plus à rien.

LE DOCTEUR.

Avez-vous la foi du charbonnier ?

ROBESPIERRE.

J'ai celle de Jean-Jacques.

LE DOCTEUR.

Un malade qui est mort fou.

ROBESPIERRE.

Ses principes sont ce qu'il y a de plus sain au monde.

LE DOCTEUR.

Oh !

ROBESPIERRE.

La vie conforme à la nature, le culte de la vérité et de la vertu, l'Etre suprême, l'immortalité de l'âme...

LE DOCTEUR.

Vous croyez que toutes les âmes sont individuellement immortelles ?

ROBESPIERRE.

Sans doute. Hors de cette croyance, ni morale, ni vrai bonheur !

LE DOCTEUR.

Un inquisiteur ne serait pas plus affirmatif.

CARNOT.

Mais vous, docteur, quel est votre *Credo* ?

LE DOCTEUR.

Je suis médecin et j'ai beaucoup voyagé.

ROBESPIERRE.

Vous semblez très sceptique.

LE DOCTEUR.

J'ai mon petit idéal !

ROBESPIERRE.

Voyons !

LE DOCTEUR.

Guérir tout bonnement ce qui est guérissable.

ROBESPIERRE.

Et moi, pour rendre l'humanité meilleure, je donnerais ma vie.

RAYMOND.

D'abord, comme Candide, cultivons notre jardin ; et puisse l'avenir
en être à jamais embaumé !

CARNOT.

L'avenir ! Qui nous dira l'avenir ?

LE DOCTEUR.

Moi, peut-être, si vous vous y prêtez.

ROBESPIERRE.

Etes-vous sorcier ?

LE DOCTEUR.

Non. Mais dans certains pays, j'ai vu des particuliers qui passaient
pour tels ; j'ai surpris leurs secrets.

CARNOT.

Quoi ! vous pourriez nous dire la bonne aventure ?

LE DOCTEUR.

Laissez-moi regarder votre main.

CARNOT.

Ah ! si je pouvais gagner des batailles !

LE DOCTEUR, *examinant la main de Carnot.*

Vous en gagnerez.

CARNOT.

Je serai donc général ?

LE DOCTEUR, *même jeu.*

Mieux que cela.

CARNOT.

Maréchal ?

LE DOCTEUR.

Mieux encore.

CARNOT.

Vous raillez.

LE DOCTEUR.

Non, sur l'honneur.

CARNOT.

Ministre, alors, puisque vous ne me refusez rien ?

LE DOCTEUR.

Nul ne sera au-dessus de vous.

CARNOT.

Je ne me sens pas l'étoffe d'un Cromwell. Me supposez-vous assez simple pour vous croire ?

LE DOCTEUR.

Croyez-moi si vous voulez. Je ne l'exige pas.

CARNOT.

Et Robespierre, qu'allez-vous lui prédire ?

LE DOCTEUR.

Je n'en ai aucune idée encore.

CARNOT.

Deviendra-t-il pape ?

LE DOCTEUR.

Je ne dis pas non.

CARNOT, *à Robespierre.*

Montrez-lui votre main, cher ami... Avez-vous peur ?

ROBESPIERRE.

L'idée de l'avenir me trouble un peu. *(Il présente au docteur sa main ouverte.)* Vous hésitez ?

LE DOCTEUR, *après un moment d'examen silencieux.*

Non, mais...

ROBESPIERRE, *souriant.*

Est-ce plus extraordinaire encore que pour Carnot ?

LE DOCTEUR.

Ne riez pas.

ROBESPIERRE.

Monterai-je au Capitole ?

LE DOCTEUR.

Justement.

ROBESPIERRE.

Pourvu que je n'aille pas jusqu'à la Roche Tarpéienne !

LE DOCTEUR, *cessant brusquement d'examiner la main de Robespierre.*

Ma foi, je perds confiance en moi-même. Le sorcier a la berlue.

LE GAY, *voyant Modeste et La Flambe apporter le dessert.*

Voici venir le dessert. J'invite les parrains de Raymond à nous présenter le récipiendaire dans le langage des Muses.

ROBESPIERRE, *se levant.*

Nous, les seuls Rosati du monde,
Nous qui rions du sot qui fronde,
Avons choisi, tout d'une voix,
Sans cabale préliminaire,
Sans rien qui gêne notre choix,
L'aimable Raymond pour confrère.

CARNOT, *se levant à son tour.*

Nous, Rosati, troupe gaillarde,
Guerriers nouveaux qui, pour cocarde.
Portons des roses en bouquet.
Un grand verre au lieu de mousquet ;
Nous, vu ses qualités parfaites.
Recevons Raymond dans nos fêtes.
Donc, du vin, des fleurs à foison !
Que Le Gay sur le front lui pose
La couronne où brille la Rose,
La couronne d'Anacréon !

LE GAY, *après avoir couronné Raymond.*

Cueillez une rose. *(Raymond cueille une rose.)* Respirez-la trois fois.
(Trois fois il la respire.) Attachez-la à votre boutonnière. *(Il l'y attache.)*
Videz d'un trait ce verre de vin rosé à la santé de tous les Rosati
présents ou futurs.

RAYMOND.

A leur santé ! *(Il vide son verre.)*

LE GAY.

Embrassez, au nom de la société, une des personnes que vous aimez
le mieux... Qui cherchez-vous ?

RAYMOND.

Une personne du beau sexe, puisqu'il faut embrasser. *(Il aperçoit
Anaïs qui s'en va sous les branches.)* Ah ! *(Il court à elle, l'embrasse par
surprise, puis vite lui parle bas à l'oreille.)* C'est votre punition. Ne
vous laissez pas reconnaître par les autres. Je serai discret.

ANAÏS, *bas à Raymond.*

De grâce ! *(Elle se dégage et s'enfuit, aux rires des convives.)*

5

SCÈNE VIII

LES MÊMES, moins ANAÏS.

LE GAY, *à Raymond.*

Ça ne compte pas. Vous devez embrasser un vrai Rosati. *(Il lui donne l'accolade.)* C'est fait. Je prononce le *Dignus est intrare.*

(Il déclame debout.)

> Nous, la noble assemblée
> De Blangy, près Arras,
> Nous admettons d'emblée
> A nos doctes repas
> L'ami Raymond de Gorre,
> Qui sait adorer Flore
> Et ses divins appas.
> Ainsi fait sous la treille,
> Auprès d'une bouteille
> Et d'un poulet rôti ;
> Arrêté sans murmure
> Et signé sans rature
> Par tous les Rosati.

(Il signe le diplôme de Raymond.) Voici de l'encre rose, messieurs ; signez avec moi le diplôme qu'une rose scellera. *(A Raymond.)* Maintenant, confrère, votre chanson !

RAYMOND.

Excusez-moi, je ne suis pas né rimeur. Ma véritable vocation, c'est l'amitié, c'est l'amour.

LE GAY.

Donc, il vous sera beaucoup pardonné. Carnot, chantez pour lui.

CARNOT.

Une minute ! J'ai avalé de travers.

LE GAY.

Ça vaut mieux que de ne pas avaler du tout. Buvez sec et ça ira droit. Fosseux doit avoir quelque chose à nous dire.

FOSSEUX.

Je n'ai mis en vers qu'un mot, un simple mot, historique ou légendaire.

LE GAY.

Foin des longs poèmes ! Dites votre mot !

FOSSEUX, *se levant.*

Le roi Louis offrit un jour
A la timide La Vallière,
Qu'il aimait d'un ardent amour,
Des diamants fort beaux, de valeur singulière.
Elle eut pour le monarque un sourire très doux,
Mais refusa le don comme trop grandiose.
« Alors, pour vous parer, dit-il, que mettrez-vous ? »
Elle répondit : « Une rose. »

(Tous les Rosati complimentent Fosseux.)

FOUCHÉ.

Monsieur de Fosseux tisse la rime, ou plutôt il la « rosatisse » en maître.

FOSSEUX.

Je voudrais, monsieur, que mes vers eussent l'esprit de votre prose.

LE GAY.

Ne vous disputez pas. Carnot est-il prêt à vibrer ?

CARNOT, *toussant.*

Décidément, je ne suis pas en train. Demandez plutôt à Modeste une de ces jolies chansons du pays qu'elle dit à ravir. *(Modeste, honteuse, veut se sauver. Carnot court après elle et la retient.)*

FOUCHÉ.

C'est Colette, moi, que je voudrais entendre. Elle a un si joli son de voix. Où est-elle passée ?

(Il cherche Colette des yeux et, ne la voyant pas, il se lève pour aller la trouver. Fosseux et Raymond le suivent avec inquiétude. Tous trois disparaissent au fond du jardin.)

SCÈNE IX

LES MÊMES, moins RAYMOND, FOSSEUX et FOUCHE.

CARNOT, *ramenant Modeste sur le premier plan.*

Allons, Modeste !

MODESTE.

Je n'oserai jamais.

CARNOT.

Chante-nous la Chanson des Oranges.

TOUS LES ROSATI.

Oui, oui, c'est ça !

LA FLAMBE.

Elle a perdu la voix. Pour qu'elle la r'trouve, faites-lui boire deux gouttes d'champagne.

MODESTE.

Vous l'voulez tous ? Je m'risque.

(Elle chante après avoir bu un peu du champagne qu'on lui a versé.)

— 1 —

> Au jardin de mon père.
> Vive l'amour !
> Un oranger il y a.
> Vive la rose et le lilas !

(Parlé.) Vous m'laissez chanter seule ? Chorus au refrain, feignants !

(Aux couplets suivants, tous chantent en chœur « Vive l'amour ! » puis « Vive la rose et le lilas ! » Modeste ne dit que le premier et le troisième vers de chaque couplet.)

— 2 —

> La bell' prit une échelle,
> Vive l'amour !
> Un panier à son bras.
> Vive la rose et le lilas !

— 3 —

Cueillit les orang's mûres,
Vive l'amour !
Et les vertes laissa.
Vive la rose et le lilas !

— 4 —

Ell' s'en alla les vendre,
Vive l'amour !
Sur le marché d'Arras.
Vive la rose et le lilas !

— 5 —

— Que portez-vous, la belle ?
Vive l'amour !
Lui dit un avocat.
Vive la rose et le lilas !

— 6 —

— Monsieur, c'est des oranges ;
Vive l'amour !
Ne vous en faut-il pas ?
Vive la rose et le lilas !

— 7 —

— Venez sous la charmille,
Vive l'amour !
Nous les compterons là.
Vive la rose et le lilas !

— 8 —

Il les compte et recompte,
Vive l'amour !
Le compte n'y est pas.
Vive la rose et le lilas !

— 9 —

Vite un baiser, la belle ;
Vive l'amour !
Et le compte y sera.
Vive la rose et le lilas !

Tous.

Bravo, Modeste ! Bravo ! bravo !

SCÈNE X

LES MÊMES, RAYMOND, FOUCHÉ.

BERGAIGNE, *à Fouché qui rentre en scène avec Raymond.*

Vous ne ramenez pas Colette ?

FOUCHÉ.

Elle veut bien dire un air, mais à une condition. Je vous la donne en mille.

LA FLAMBE.

Què qué peut bien d'mander ?

LE MARQUIS.

Un engagement à l'Opéra ?

LE GAY.

Un poème sur ses charmes ?

LA FLAMBE.

Une salade d'grenouilles ?

FOUCHÉ.

Vous n'y êtes pas. Vous n'y serez jamais. Elle veut être reçue Rosati, ou plutôt, au féminin, *Rosata.*

LA FLAMBE.

Ta, ta, ta ! Comme elle y va !

ROBESPIERRE.

Elle ?

CARNOT.

La petite Colette ?

FOUCHÉ.

Elle-même !

LE MARQUIS.

Pas possible !

FOUCHÉ.

Pourquoi pas ? Vous aurez une surprise. Colette est digne de vous,
je le jure.

LES ROSATI.

Ah !

LE GAY.

Recevons-la, ma foi ! Comme sœur converse d'abord. Puis, on
avisera. Est-ce entendu ?

LES ROSATI.

Entendu !

FOUCHÉ.

Je vais la chercher. *(Il s'éloigne et disparaît.)*

LE GAY, *à Carnot.*

L'ami de Robespierre est une fine mouche.

FOUCHÉ, *reparaissant au fond du jardin.*

Venez, Colette.

————

SCÈNE XI

————

LES MÊMES, ANAÏS, FOSSEUX, FOUCHE.

————

*(Anaïs rentre avec Fosseux, malgré les remontrances de celui-ci.
Elle a repris ses vêtements de demoiselle et ôté sa perruque de paysanne,
mais elle a gardé sa coiffe boulonnaise.)*

ANAÏS.

Laissez donc, parrain...

ROBESPIERRE.

Vous, Anaïs !

ANAÏS.

Ou Colette pour aujourd'hui. Comme vous voudrez.

CARNOT.

Je suis honteux, Mademoiselle, d'avoir eu des yeux pour ne point voir.

ROBESPIERRE.

Et moi des oreilles pour ne pas entendre.

ANAÏS.

Tant pis pour vous ! *(Regardant Raymond.)* D'autres yeux ont vu ; d'autres oreilles ont entendu ; et deux mots, dits tout bas à Colette, sont allés droit au cœur d'Anaïs.

RAYMOND.

Serait-il vrai ? Je n'ose croire à tant de bonheur.

ANAÏS, *à Raymond.*

Vous seul avez apporté les fleurs que je préfère, vous seul m'avez reconnue. Je vous dois un gage.

CARNOT, *à Anaïs.*

L'épreuve était inutile. Votre cœur l'avait devancée.

ANAÏS.

On dit le cœur aveugle. Je craignais d'être injuste.

ROBESPIERRE.

Si vous l'aviez vraiment craint, auriez-vous tenté l'aventure ?

ANAÏS.

Allez tous deux vers les hautes destinées qui vous réclament. Malgré le peu que je vaux, je suis très exigeante : il n'y aurait pas assez de place pour moi dans vos pensées... Mais qu'a donc Modeste ? *(Pendant qu'on écoutait Anaïs, le Docteur est parvenu à faire entrer Modeste dans l'état de somnambulisme.)*

LE DOCTEUR, *près de Modeste, assise.*

Elle dort : elle est sous l'influence magnétique.

ANAÏS.

Vous me faites peur.

LE DOCTEUR.

Rassurez-vous. Il me sera facile de la réveiller... Mais d'abord je voudrais bien vérifier, par son intermédiaire, mon expérience de tout à l'heure. Monsieur de Robespierre, daignez m'assister.

ROBESPIERRE.

Y tenez-vous beaucoup ?

LE DOCTEUR.

La chose est si simple ! Prenez la main de notre dormeuse. Bien.

ROBESPIERRE.

Faut-il l'interroger ?

LE DOCTEUR.

Non. C'est ma volonté qui doit agir sur elle. Modeste, vous m'entendez ?

MODESTE.

Certes !

LE DOCTEUR.

Vous reconnaissez notre ami ?

MODESTE.

M'sieu Maximilien... pour sûr !

LE DOCTEUR.

Écoutez. Il faut que vous me disiez où il sera dans dix ans.

MODESTE.

Est-ce que j'puis ?

LE DOCTEUR.

Vous pouvez.

MODESTE.

Je cherche... C'est bien pénible... Je n'vois pas encore.

LE DOCTEUR.

Je vous ordonne de voir.

MODESTE.

J'suis lasse... J'ai mal... Ne m'forcez pas.

LE DOCTEUR.

Voyez. Je le veux !

MODESTE.

Attendez... Ah !... *(Elle se dresse ; puis, comme devant une vision terrifiante, elle recule, les bras étendus, le front livide. Elle jette un cri d'angoisse et tombe sans connaissance. Le Docteur lui donne, en toute hâte, des soins qui la raniment. Il lui passe les mains sur les paupières. Elle s'éveille.)* Que m'est-il arrivé ?

LE DOCTEUR.

Rien ! rien de grave, mon enfant. Une petite crise de nerfs. N'y pensez plus.

MODESTE.

Suis-je sotte !

(Anaïs l'emmène à l'écart.)

LE DOCTEUR, *à part.*

Je ne m'étais pas trompé.

(Tous les Rosati l'entourent.)

FOSSEUX, *au Docteur.*

Que signifie cela ?

LE DOCTEUR, *avec un sourire.*

Cela signifie tout bonnement que cette petite est par trop impressionnable. On a eu tort de lui faire boire du champagne. Mais tenez, elle est déjà remise. Pardonnez-moi, monsieur de Robespierre.

ROBESPIERRE.

Si Fosseux y consent, j'irai avec lui demander au nom de Raymond la main de ma cousine Anaïs.

CARNOT.

Que n'ai-je qualité pour m'associer à votre démarche !

RAYMOND, *levant son verre plein de champagne.*

Merci, mes chers amis. Je bois aux glorieuses destinées de Robespierre.

FOSSEUX, *même jeu.*

Aux victoires de Carnot !

ROBESPIERRE, *pensif.*

Dans dix ans, où serons-nous ?

CARNOT, *gaiment.*

Qui vivra, verra.

ANAÏS.

En attendant les lauriers, cueillons les roses.

———

RIDEAU

LES ROSATI

C'est au déclin du XVIIIe siècle, à l'avant-veille de la Révolution, sous les murs aujourd'hui culbutés de la vieille cité d'Adam de La Halle et de Jean Bodel, que quelques joyeux rimeurs, fraîchement échappés du collège, fondèrent, sans lettres patentes du roy, la société anacréontique des Rosati d'Arras.

Si Maximilien Robespierre s'était contenté d'être bâtonnier de son ordre et si Lazare Carnot avait pris sa retraite comme commandant de place, les vers doucereux des hôtes de Blangy ne seraient pas moins oubliés sans doute que ceux de leurs infortunés confrères de Valmuse.

La seule présence au cénacle arrageois de deux hommes qui devaient plus tard, sur un autre théâtre, contribuer puissamment à l'abolition de la royauté et à la résistance victorieuse de la France républicaine contre l'Europe monarchique coalisée, valut à leurs collègues l'attention de l'Histoire qui les tira de l'éternel oubli.

Aussi quand ceux de chez nous voulurent bien comprendre que le Midi bougeait trop, ils se souvinrent des Rosati et c'est sous leur nom, que, devant les Félibres envahisseurs, ils groupèrent résolument les écrivains et les artistes septentrionaux.

Emile **BLÉMONT**. — L'auteur de *Roses rouges* a double droit à tenir sa place en ce livre d'or septentrional : et par son talent de poète et d'auteur dramatique, et par les services rendus à la cause du Nord.

Depuis 1866, date de ses premières publications, maints volumes ont affirmé la réputation du poète. Je citerai les *Poèmes d'Italie*, les *Portraits sans modèles*, les *Poèmes de Chine*, d'une si pittoresque originalité, *Wattignies*, cette épopée vraiment républicaine et vraiment nationale, les *Pommiers en fleurs*, un délicieux recueil d'idylles modernes, la *Belle Aventure*, les *Gueux d'Afrique*, un livre tout vibrant d'enthousiasme en faveur des Boers : *En mémoire d'un enfant*, suite de poèmes empreints d'une poignante émotion.

Auteur dramatique, Emile Blémont a fait pour les anniversaires de Corneille et de Molière de ravissantes pièces, réunies dans son *Théâtre Moliéresque et Cornélien* ; il a publié en 1888, *Roger de Naples*, un beau drame inspiré de Shakespeare, et il devait lire ces temps derniers au Comité de la Comédie-Française, *La Loi d'Amour*, cinq actes en vers. Je n'oublie pas *Marcel Sentex*, un superbe drame des temps révolutionnaires, encore inédit, et que j'ai eu la bonne fortune de lire et d'admirer.

Érudit, fin lettré et folkloriste expert, Emile Blémont a tenu longtemps au *Rappel*, et de main de maître, la critique bibliographique, dramatique et la critique d'art, et il a publié un excellent travail sur l'*Esthétique de la Tradition*.

Enfin, je n'aurai garde d'oublier un livre qui fait autant d'honneur à l'homme qu'à l'artiste ; c'est le *Livre d'Or de Victor Hugo*, témoignage du pieux attachement que le poète a voué à son maître.

Quant aux services rendus à la cause septentrionale par Emile Blémont, il n'est pas un de nos concitoyens qui les ignore, et il me suffira de rappeler de quelle brillante façon il dirigea pendant cinq ans la *Revue du Nord*, et quelle large part il prit à ces belles manifestations à la gloire de nos grands artistes : l'inauguration du monument de Watteau à Paris, et la commémoration d'Adam de la Halle à Arras.

En terminant cette trop courte notice, je ne saurais mieux faire que de reproduire sur le talent d'Emile Blémont cette appréciation de Théodore de Banville, appréciation justement élogieuse et qui restera définitive :

« Rapidité et variété de l'inspiration, harmonies bien pondérées, éclat et originalité de la rime, telles sont les qualités dominantes qui donnent aux vers de M. Blémont cette étrangeté sans laquelle la beauté ne serait rien pour nous. Il a l'art de dire la chose à laquelle on ne s'attend pas et qui cependant est celle qu'il fallait dire. Surtout il trouve du premier coup, ingénieusement, le trait caractéristique. »

E. L.

6°

DIVERTISSEMENT DES ROSES

BALLET INÉDIT

musique de M. MASSENET

réglé par Mme MARIQUITA

MAITRESSE DE BALLET DE L'OPÉRA-COMIQUE

dansé par

Mlle CHASLES

PREMIÈRE DANSEUSE ÉTOILE

ET LE CORPS DE BALLET DE L'OPÉRA-COMIQUE

———✻———

FEMMES : Mlles RAT, RICHAUME, DUGUÉ, HATREL, ANDRÉ, ROBIN, WILLAUME 2ème, MEY et IKITINE.

TRAVESTIS : Mlles LEFRESNES, LUPARIA, WILLAUME 1ère, AUVERNET, CHAMBON, FRAYSSE, HÉYSET et RICAUX.

Les Rosati
Divertissement des Roses

à mon ami
Édouard Noël

J. Massenet

janvier déc: 1901.

MASSENET. — Poète musical de la volupté, Massenet a fait vibrer dans les rythmes les frémissements des baisers, les paroxysmes de joie ou de douleur de l'amour.

Comme André Chénier est l'âme de l'élégie, Musset l'âme de la jeunesse, Hugo l'âme du lyrisme, Massenet est l'âme même de la passion.

Il est le musicien favori des amants; par lui s'exprime la grande force harmonieuse du monde, par lui s'expriment les sentiments les plus puissants qui puissent enflammer la créature. Un souffle ardent passe dans ses symphonies, dans ses drames lyriques. Vigoureux, nerveux, enthousiastes, miroirs du cœur humain, ils symbolisent ainsi la vie avec une acuité qu'on n'avait pas atteinte jusque-là.

Tout l'œuvre de Massenet semble être une ode triomphale à la volupté, à l'amour. C'est *Marie-Magdeleine*, où l'amour sacré déploie ses dévorantes ferveurs, c'est cette admirable ouverture de *Phèdre*, si pathétique, si largement évocatrice des coupables ivresses de l'épouse de Thésée, ce sont les somptuosités lascives du *Roi de Lahore*, c'est la folie perverse de Salomé, dans *Hérodiade*, c'est ce magnifique et clair chef-d'œuvre, *Manon*, où l'amour tout entier vit et respire, avec ses trahisons, ses extases, son envol vers l'idéal, ses mensonges, où le caractère complexe de l'héroïne de l'abbé Prévost est traité avec une précision, une connaissance du cœur, une sagacité de psychologie qui résument éloquemment toute la femme, c'est *Esclarmonde*, c'est *Werther*, où Massenet atteint par la musique les sommets où Goethe s'était élevé par son génie poétique, *Werther*, où toutes les fatalités douloureuses de l'amour s'éplorent, où les aspirations des âmes torturées par l'existence et qui ne peuvent rencontrer ici-bas le bonheur convoité, se groupent en une gerbe d'harmonies frissonnantes et mélancoliques, et c'est *Thaïs*, la délicieuse *Thaïs*, la courtisane idoine aux délectables voluptés, et qui se met à aimer Dieu, après avoir trop aimé les hommes, et c'est encore toute une floraison d'œuvres originales, où se retrouvent toujours cette science impeccable, cette variété féconde d'inspiration, ce coloris étincelant, ces ingénieuses trouvailles d'orchestration qui portent au pinacle le robuste talent de Massenet.

A la suite de la représentation d'*Hérodiade* au Grand-Théâtre de Lille, il y a vingt ans, le titre de citoyen de Lille fut officiellement offert à M. Massenet, qui l'accepta.

Henry FRANSOIS.

Entr'acte : DIX MINUTES

Argument du Ballet

Sur les derniers mots de la comédie, des jeunes filles, vêtues à la mode de Flandres et d'Artois au XVIIIe siècle, conduites par un meneur de jeu, entrent en scène. Elles portent dans leurs bras des corbeilles remplies de roses et distribuent des fleurs aux personnages de la pièce. Ceux-ci s'en parent aussitôt et les remercient d'un sourire et d'un geste ; puis ils se retirent bras dessus, bras dessous, en semblant commenter entre eux la phrase finale de la pièce : « Où serons-nous dans dix ans ? »

La scène appartient alors aux personnages du divertissement. Les jeunes filles manifestent de la joie de se trouver entre elles. Elles ramassent quelques-unes des roses tombées à terre, en cueillent de nouvelles tout autour du jardin, se les jettent de l'une à l'autre, à travers l'espace, en forment des guirlandes au moyen desquelles, lutinées par le meneur de jeu, et au milieu de la plus grande gaîté, elles se livrent à des jeux et à des figures chorégraphiques qui se succèdent très variées jusqu'à une sorte de couronnement. Apothéose finale.

Alors, les jeunes filles s'écartent, tout en tenant à la main leurs guirlandes et leurs bouquets. Le premier interprète de l'intermède apparaît au fond de la scène. Elles l'invitent à s'avancer et à chanter. Il obéit et l'intermède commence.

F. DE MÉNIL.

7°

✳ GRAND

INTERMÈDE ❦

I — SÉRÉNADE-BARCAROLLE

de M. ÉMILE DEBRUILLE

PAR

l'ORCHESTRE DE L'OPÉRA-COMIQUE

sous la direction de l'auteur

DEBRUILLE Émile (1849) né à Raimbeaucourt (Nord). — A fait ses premières études musicales avec M. Dislère, le père de notre éminent compatriote M. Paul Dislère, puis à l'Académie de musique de Douai et enfin au Conservatoire de Paris où il obtint les mêmes succès qu'à Douai. Après avoir été pendant trois ans 1er violon à l'Opéra-Comique, il fut reçu après concours à l'Opéra où il est resté 1er violon pendant plus de 30 ans.

Membre de la société des concerts du Conservatoire et du comité de l'Association des artistes musiciens (fondation Taylor), il dirige en outre les grands concerts universitaires de la Sorbonne si appréciés de tout Paris. Depuis 1889, il est officier de l'Instruction publique. Indépendamment de ses ouvrages d'enseignement, il a écrit des morceaux pour violon et piano, des mélodies, des romances, le *Papillon bleu*, le *Phare*, *Estelle*, *Elie*, etc...., des fantaisies pour orchestre dont fait partie la sérénade-barcarolle qui figure au programme.

H. M.

II — HYMNE A LA FLANDRE

Poésie de M. Achille SEGARD

Musique de M. Abel ESTYLE

Chanté par M. F. BAËR [1], de l'Opéra,

AVEC ACCOMPAGNEMENT D'ORCHESTRE

Chef d'orchestre : M. GEORGES MARTY

PREMIÈRE AUDITION

Achille SEGARD. — Né à Lille. Poète et conférencier. A publié : *Le départ à l'aventure, l'Envie*, etc.

Abel ESTYLE. — M. Estyle est né à Condé-sur-Escaut, le 1er novembre 1877. Il fit ses premières études musicales à l'École nationale de Valenciennes et entra au Conservatoire de Paris en 1892. Tout de suite ses professeurs remarquèrent cet élève studieux et manifestement doué. En 1894, Estyle remporta le premier prix d'harmonie et, en 1897, le premier prix de fugue. Nous passons sur d'autres récompenses obtenues dans les classes de piano, d'accompagnement, car c'est surtout la composition que travaille le jeune musicien, et nous connaissons de lui — en dehors de la cantate de la Clairon qui contient des parties remarquables — divers essais qui nous permettent de bien augurer de sa carrière artistique. Assurément, de par les connaissances acquises et les qualités personnelles, Estyle est, parmi les jeunes gens du Conservatoire, au premier rang de ceux auxquels on peut prédire un brillant avenir.

F. L.

---

(1) Né à Lille le 27 mars 1875.

III

a — Prière de Femme

poésie de Mme DESBORDES-VALMORE

b — HÉLÈNE

Sonnet d'Albert SAMAIN

dits par Mademoiselle LUCIENNE DAUPHIN

Mlle LUCIENNE DAUPHIN.

Née à Valenciennes,

le 24 août 1877.

Cl. Caulin et Berger.

Madame DESBORDES-VALMORE. — Marceline Desbordes naît à Douai, en 1786. La Révolution ruine son père, peintre en ornements d'église. A quatorze ans, sa mère l'emmène à la Guadeloupe, pour implorer le secours d'un parent qui s'est enrichi là-bas. Le parent vient d'être massacré, après l'incendie de sa plantation ; la mère meurt de la fièvre jaune, et l'enfant embarquée de force, revient seule en France. Pour vivre, elle chante, Grétry la fait débuter au théâtre Feydeau : elle a seize ans. A vingt ans, des peines profondes — le grand amour trahi dont la douleur la rendit poète — l'obligent à renoncer au chant « parce que sa voix la faisait pleurer ». Elle joue à l'Odéon, puis à Bruxelles, où elle épouse son camarade Valmore, et bientôt après quitte le théâtre. Femme et mère admirables, elle achève à Paris, en 1859, une vie toute de tendresse, de sacrifice et de pauvreté.

En 1819, elle avait publié ses premières *Elégies*, en 1833, les *Pleurs*, en 1839, les *Pauvres Fleurs*. La publication de ses poésies posthumes, en 1860, acheva de révéler l'un des poètes, non des plus artistes, mais des plus géniaux du siècle, et le plus passionné.

En prose ou en vers, Alexandre Dumas, Auguste Barbier, Brizeux, Béranger, Victor Hugo, Baudelaire, Michelet, Paul Verlaine, Théodore de Banville, l'ont saluée. Lamartine lui a dédié des strophes immortelles ; Sainte-Beuve, après de nombreux et fervents articles, lui a consacré tout un livre. — David d'Angers, dans un médaillon qui est au Musée du Louvre, nous a transmis son profil pensif ; et depuis 1896, sa statue, un délicieux chef-d'œuvre d'E. Houssin, son compatriote, s'élève sur une des places de sa ville natale.

Auguste DORCHAIN.

Albert SAMAIN. — Né à Lille, le 4 avril 1858, Albert Samain, forcé par la mort de son père de suspendre ses études classiques, entra d'abord dans une maison de courtage qui l'envoya en 1880 à sa succursale à Paris. Deux ans après, à la suite d'un examen, il entrait à la Préfecture de la Seine. Il occupait encore son poste à l'Hôtel de Ville lorsqu'il succomba à la phtisie le 19 août 1900. Le hasard lui avait fait faire la connaissance de Vallette et lorsque celui-ci fonda le *Mercure de France*, Albert Samain compta parmi ses premiers collaborateurs. Ses poésies furent remarquées des lettrés; elles devinrent populaires à la suite d'un article très élogieux et très juste de François Coppée dans le *Journal* à l'apparition de : *Au jardin de l'Infante*. Sous le masque impassible et maladif que l'on sait, Albert Samain cachait une imagination ardente et une âme de poète. Il possédait une forme musicale d'une richesse peu commune. Ce fut un prestigieux rimeur auquel il ne manqua peut-être qu'un peu d'émotion. En son second volume : *Au flanc du vase*, il habilla de fines ciselures des scènes d'intérieur, des bucoliques d'une belle facture. Enfin dans son œuvre posthume : *Le Chariot d'Or*, de pieux amis ont recueilli divers poèmes de dates et d'inspirations diverses, mais tout remplis du charme berceur qui valut si justement à Albert Samain de nombreux admirateurs et imitateurs.

R. LE CHOLLEUX.

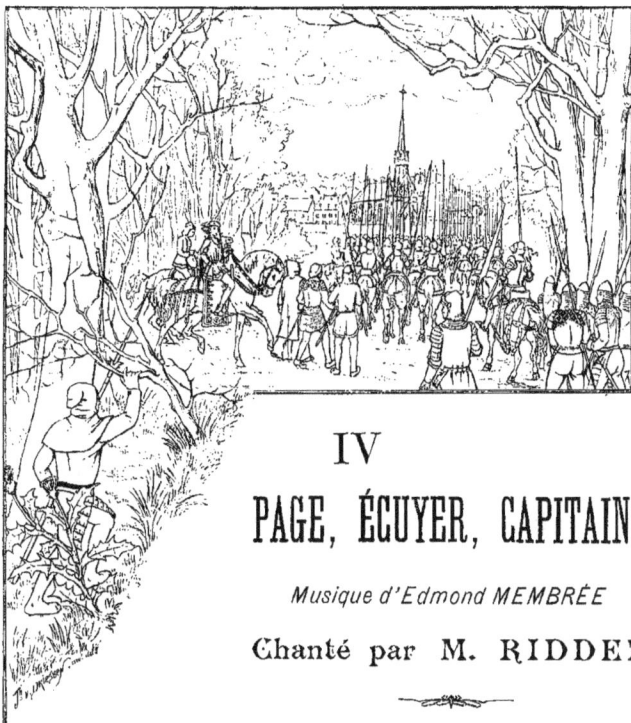

IV

PAGE, ÉCUYER, CAPITAINE

Musique d'Edmond MEMBRÉE

Chanté par M. RIDDEZ

Edmond MEMBRÉE. — EDMOND MEMBRÉE, né à Valenciennes, en 1820, conquit rapidement la célébrité. *Page, Écuyer, Capitaine*, scène lyrique, eut un immense succès. — Elle se chante encore en province. — Il conçut l'espoir d'arriver promptement au théâtre. Pourtant ce ne fut que le 15 juillet 1874 qu'il put faire représenter — après l'avoir conservé vingt ans en portefeuille— *L'esclave* sur des paroles de Fossier. L'Opéra de la rue Lepelletier venait de brûler et sa troupe s'était réfugiée au Théâtre-Italien, maintenant succursale de la Banque de France. L'œuvre reçut un accueil favorable, mais desservie par un livret ennuyeux à l'excès, elle disparut assez vite de l'affiche. Le même sort, et un peu pour les mêmes raisons, attendait *Les parias* sur un livret d'Hippolyte Lucas qui furent représentés au Châtelet le 14 novembre de la même année.

Un opéra-comique en trois actes, *La courte échelle*, allait être représenté au Théâtre-Lyrique quand la faillite vint fermer ses portes.

Après avoir fleureté avec la gloire au début de sa carrière, Membrée, quoique bien doué, s'éteignit oublié en 1882.

P. W.

M. RIDDEZ.

Né à Lille, le 21 mars 1875.

Cl. Cautin et Berger.

V — a — LES CARILLONS

Poésie de M. Émile LESUEUR DE MORIAMÉ (1)

PREMIÈRE AUDITION

b — CADET-ROUSSEL

Poésie de M. Henri MALO(2)

PREMIÈRE AUDITION

dites par M. Raphaël DUFLOS

M. Raphael DUFLOS. — Sociétaire de la Comédie-Française ; né à Lille, le 30 janvier 1858.

Cl. Du Guy.

(1) Né au château d'Etrun, près Arras, le 20 décembre 1880.

(2) Né à Boulogne-sur-Mer, le 4 mars 1868.
A publié : poésie, *Au temps des Châtelaines, La Folle aventure, Coup de vent, Défense du Vieux Temps, L'Esprit des Bêtes, Le Bourdon de Notre-Dame, En manœuvres*. Histoire : *Renaud de Dammartin et la Coalition de Bouvines*, ouvrage récompensé par l'Académie des Inscriptions et Belles-Lettres, *Eustache le Moine, Petite Histoire de Boulogne-sur-Mer, La Belle Géraldine, Les Marins du quartier maritime de Boulogne-sur-Mer en 1676*.
A fait jouer: *Villon, Les Bas bleus de Pierrette, Colin Muset, Le Combat des Trente*. A collaboré à divers journaux et revues.

LE CARILLONNEUR

LES CARILLONS

« Il flotte une musique. »
RODENBACH.

Comme ils tintent gaîment, les carillons du Nord,
Dans nos hardis beffrois découpés en dentelles ;
Au fond de nos cieux bleus, unissant leurs voix d'or,
Comme ils tintent gaîment, les carillons du Nord.
Toujours les mêmes airs prennent le même essor,
Au rythme martelé des cloches immortelles :
Comme ils tintent gaîment, les carillons du Nord,
Dans nos hardis beffrois découpés en dentelles.

Ils s'élèvent au loin vers les plaines d'Artois,
Berçant les jeunes cœurs, animant les feuillées,
Retombant en frissons, mourant au bord des toits.
Ils s'élèvent au loin vers les plaines d'Artois,
Les gais refrains flamands, les vieux refrains patois,
Souvenirs évoqués à l'ombre des veillées.
Ils s'élèvent au loin vers les plaines d'Artois,
Berçant les jeunes cœurs, animant les feuillées.

Lorsque la mer bondit, houleuse, à son réveil,
Lorsque la mort est là, comme ils chantent la vie.
Comme ils jettent l'espoir, l'amour et le soleil,
Lorsque la mer bondit, houleuse, à son réveil !
Et dans la mine horrible, ou règne le sommeil,
L'âme est moins oppressée : une voix l'a suivie,
Lorsque la mer bondit, houleuse, à son réveil,
Lorsque la mort est là, comme ils chantent la vie !

Carillons ! carillons ! Sonnez, gais carillons !
Carillons de nos cœurs, franchissez nos collines !
Vous serez entendus plus loin que nos sillons.
Carillons ! carillons ! Sonnez, gais carillons !
Comme des étendards, comme des pavillons.
Portez notre pensée en ondes argentines !
Carillons ! carillons ! Sonnez, gais carillons !
Carillons de nos cœurs, franchissez nos collines !

ÉMILE LESUEUR DE MORIAME.

CHANSON
CADET-ROUSSEL

A Raphael DUFLOS.

Cadet-Roussel est de Cambrai,
Cadet-Roussel est donc des nôtres,
Et sa gloire, n'est-il pas vrai,
    Sa gloire en vaut bien d'autres !
Ce drôle insouciant, ce batteur de pavé,
Rêveur aussi, jamais n'avait assez rêvé :
    Comme son humeur était douce,
    On raillait sa tignasse rousse,
    Le regard bigle de ses yeux
Dont l'un regardait Caen et le second Bayeux,
    Ses souliers sans semelles,

De son chapeau les deux cornes cruelles,
Son pauvre corps chétif et son habit râpé,
Car il était bohême, et pauvre, et mal nippé.
Plus tôt qu'un bateleur fait une pirouette
Il découpait dans du papier la silhouette
De Monsieur le Mayeur ou Monsieur le Bailli,
Des manants de sa sorte, ou des Enfants de France,

Et jamais il n'avait failli
A leur donner la ressemblance,
Heureux lorsqu'en tintant le vol
D'un tout petit écu, voire d'un sol,
S'abattait dans son escarcelle,
Car le Diable souvent se logeait en icelle !
Alors, il aimait à humer le piot,
En riboulant des yeux de cabillaud
Et dégoisant mainte sornette ;
Il accusait notre planète
De trop remuer sous ses pas,
Disant qu'il ne retrouvait pas
Le chemin de ses trois maisons,
Maisons sans poutres ni chevrons
Où se nichaient les hirondelles.
Il faisait son « mea culpa » et pour modèles
Prenait le lendemain des saintes et des saints :
Il en fit ainsi des essaims !...
Et ce furent plus tard de jeunes Républiques
Et des Libertés symboliques,
Avec la déesse Raison...
En quoi, certes, il eut raison,
Car il ne faut jamais contrarier personne,
Et Cadet-Roussel, bon enfant,
Outre qu'il n'était pas méchant,
Tenait à conserver entière sa personne !

*
* *

Mais lorsqu'il vit passer, passer les bataillons,
Il rêva cette fois, sous ses maigres haillons,
De vivre à leurs côtés la sublime odyssée,
Et de courir à la frontière menacée
Derrière les clairons, derrière les tambours !
Las ! Le sac sur le dos, le fusil sont trop lourds ;
     Leur poids écrase sa faiblesse !
Pourtant il veut servir le pays de son mieux...
Il cherche longuement... soudain, il se redresse :
Comme ils raillaient ses cheveux roux et ses deux yeux
Au regard torve, et ses souliers veufs de semelles,
Qu'ils en riaient encore en mangeant leurs gamelles
Ceux dont il enviait les robustes jarrets,
Il se railla soi-même en d'éternels couplets
Pleins de verve, si bien qu'ils partaient en chantant
Ceux-là que la fatigue avait faits impotents.
    Cadet-Roussel a trois chapeaux...
    Cadet-Roussel a trois cheveux...
La nouvelle chanson de marche est si gaillarde
Qu'elle court de l'avant jusqu'à l'arrière-garde !
    Cadet-Roussel a trois garçons...
      Le sac paraît moins lourd,
      Et le chemin plus court !
    Cadet-Roussel a trois souliers...
    Cadet-Roussel a trois deniers...
C'est en chantant « Cadet-Roussel » que nos armées
En longues théories sur les routes formées,
Dans les marches de jour et les marches de nuit,
Oubliaient la fatigue et faisaient fuir l'ennui !

*
* *

A cette heure où tant de gens,

De gloire fort indigents,

Sous nos regards indulgents

Se dressent chaque jour sur les places publiques

En marbre, en bronze, et cætera,

Est-ce que jamais ne luira

Le jour fameux où l'on verra

Notre héros sur un piédestal mirifique ?

Oui ! La justice humaine est hors de tout soupçon,

Bien que parfois elle aille au pas lent des tortues !

Nous dirons ce couplet de plus à la chanson :

Cadet-Roussel a trois statues !...

Henri MALO.

Paris, septembre 1901.

Cadet-Roussel fut à Cambrai, où il naquit, un pauvre diable qui découpait avec beaucoup d'adresse des figures en papier. Il en existe encore plusieurs au musée de Cambrai. A la Révolution, il découpa des sujets révolutionnaires au lieu de sujets religieux. Mais Cambrai fut alors le lieu de passage des nombreuses troupes qui se rendirent à la frontière. Un jour, un soldat composa un couplet sur Cadet-Roussel; ses camarades firent les suivants, et six mois après toutes nos armées chantaient CADET-ROUSSEL.

VI – MONOLOGUES
dits par M. COQUELIN CADET [1]

VII – Sérénade de GIL BLAS [2]
OPÉRA-COMIQUE EN 5 ACTES
paroles de **MM.** Michel **CARRÉ** et Jules **BARBIER**
Musique de Théophile SEMET
chantée par Mme LISE LANDOUZY

Mme LISE LANDOUZY

Cl. Dupont.

Théophile SEMET. — De bonne heure il quitte Lille, sa ville natale, — qui encouragea ses brillantes dispositions en l'envoyant au Conservatoire de Paris achever ses études musicales. — Bientôt Th. Semet obtenait à l'Opéra le modeste emploi de timbalier qui lui permit de poursuivre avec indépendance son labeur d'art.

Dès ses premières compositions, — telles *Les Nuits d'Espagne*, — il se signalait au public par un certain tour gracieux, une recherche consciencieuse mais toujours aimable d'originalité et de pittoresque, un don réel de mélodie charmante et distinguée. Ces qualités — dont le Midi s'arroge souvent à grand bruit le monopole — se retrouvent dans toutes les œuvres de Th. Semet : *La Demoiselle d'Honneur*, *Ondine*, *Gil Blas*, représentées au Théâtre Lyrique, à l'Opéra, à l'Opéra-Comique. Avec *Gil Blas*, Semet remporta sinon un triomphe du moins un grand succès qui le classa définitivement parmi les compositeurs les plus estimables.

Il faut faire une place à part à *La Petite Fadette*, opéra-comique tiré du roman de George Sand. Th. Semet était revenu sur cette œuvre durant toute sa carrière, il l'avait polie avec un véritable amour; cependant, cette fois encore, il passa à côté de la gloire, car la malechance voulut qu'il fût devancé par Maillard avec ses *Dragons de Villars*. Et quand parut *La Petite Fadette*, Th. Semet eut la douleur de l'entendre traiter d'imitation alors qu'elle fut le véritable modèle. Pourtant que de charme ému, quelle sensibilité simple et saine, dans cette œuvre qui rappelle les maîtres Sedaine et Monsigny !

Soit lassitude, soit découragement, Th. Semet n'écrivit plus pour le théâtre. Il s'éteignit presque obscurément à Corbeil, le 13 avril 1884, à l'âge de cinquante-huit ans.

Louis MOREAU.

[1] Né à Boulogne-sur-Mer.
[2] Représenté pour la première fois à Paris, au Théâtre–Lyrique, le 23 mars 1860.

VIII

a – CAFOUGNETTE A L'EXPOSITION

Poésie patoise de M. Jules MOUSSERON

PREMIÈRE AUDITION

b – L' P'TIT QUINQUIN

CANCHON DORMOIRE

de DESROUSSEAUX

chantés par Mlle MATHILDE DE CRAPONNE

DESROUSSEAUX. — Le chansonnier Desrousseaux naquit à Lille en 1815. Il s'efforça d'abord d'améliorer le dialecte hétérogène dont son devancier Brûle-Maison s'était servi dans ses productions. Il posa ainsi quelques règles d'orthographe, de grammaire et de syntaxe, qui depuis lors ont été intégralement adoptées. Mais Desrousseaux fut surtout le chansonnier accompli que chacun connaît ; ses *Chansons et Pasquilles* sont devenues extrêmement populaires. Avec leur musique si bien appropriée aux divers poèmes, elles ont toutes un cachet très particulier et répandent une atmosphère de douceur et de gaîté parmi ceux qui les écoutent.

Les *Curiosités Lilloises*, l'*Opinion du garchon Girotte*, *Manicourt*, l' *Canchon Trinette*, *Violette*, le *Bonnet de coton*, les *Deux Gamins*, la *Lettre de Popold*, l' *Canchon dormoire*, etc., etc., sont de véritables menus chefs-d'œuvre connus et appréciés de tous. Voici d'ailleurs comment le maître Gustave Nadaud appréciait le talent de son confrère : « ... Vous possédez au plus haut degré les deux qualités essentielles au genre que vous cultivez : la naïveté et la bonhomie. Et notez bien que je ne crois pas vous faire là un compliment vulgaire ... vos personnages vivent : je les ai connus, je les connais ou je les connaîtrai. Vous avez compris que si dans une langue élégante on peut faire de la fantaisie, il faut, comme on dit à présent, du réalisme en patois. Vous n'avez pas fait comme ces peintres qui étudient la nature dans les ateliers, et qui font après, ce qu'ils appellent le paysage de style. La convention n'existe pas pour vous : vous avez cherché la vérité et vous l'avez trouvée, comme on la trouve toujours quand on ne procède que de soi-même ... »

Nadaud décernait ainsi au barde de Flandre les plus beaux éloges que l'on puisse entendre. Le maître a parlé, bien parlé, et je n'ai plus qu'à me tenir coi en opinant fortement du bonnet.

HARMAND DE MELIN.

IX

Andante ✻
✻ du Concerto
pour piano ✻

DE M. ÉDOUARD LALO
AVEC ACCOMPAGNEMENT D'ORCHESTRE
par M. Louis DIÉMER

Edouard LALO. — La ville de Lille se dispose à élever un monument à l'un de ses plus illustres enfants, Édouard Lalo (né en 1830, mort en 1892), et jamais hommage ne fut plus justifié. Nous aurions voulu faire à ce musicien, désormais illustre, une plus large place dans notre programme; mais il n'est que trop vrai qu'il y a loin du désir à la réalité.

Le nom d'Édouard Lalo, qui figure régulièrement sur les affiches des grands Concerts, reparaîtra du reste prochainement, avec le *Roi d'Ys,* sur celles de l'Opéra-Comique, et de nouveau les acclamations du public sanctionneront le haut mérite du compositeur.

Édouard Lalo n'avait pas reçu l'enseignement officiel. Il a suivi, par conséquent, sa libre inspiration; de là, peut-être, son originalité qui se révéla dans mainte page de musique de chambre, dans des concertos, des symphonies, et qui éclate surtout en cette *Rapsodie norvégienne,* dont on ne sait ce que l'on doit le plus admirer, de la verve ou de la carrure.

Au théâtre, Lalo a donné *Fiesque,* (trois actes), un ballet, *Namouna,* et enfin le *Roi d'Ys,* dont le succès considérable auréola ses dernières années. La gloire lui est venue tardivement; en revanche, elle est immortelle.

F. L.

DIÉMER (Louis), professeur au Conservatoire. — Né en 1843, et allié à une de nos plus vieilles familles valenciennoises. Prodigieusement doué, il obtint en 1856, à l'âge de 13 ans, son 1er prix de piano au Conservatoire. En 1859, il remporta un 1er prix d'harmonie suivi en 1860 d'un 1er prix de contrepoint et fugue. Ses études terminées, le jeune virtuose se fit entendre dans tous les grands concerts, et ses succès répétés lui valurent bientôt une réputation considérable à Paris, en province et à l'étranger. Diémer est depuis longtemps un des maîtres incontestés de l'art du piano. Son impeccable mécanisme, son exécution d'une pureté irréprochable, sa grande autorité musicale le placent au premier rang des grands virtuoses de notre époque. Parmi les nombreuses compositions de notre éminent et sympathique maître, nous citerons : sa grande valse de concert, *le Chant du Nautonnier,* des Polonaises, des Élégies, des Caprices, Orientales, Valses, Barcarolles, 18 transcriptions symphoniques des quatuors de Mozart, Beethoven, Haydn; un volume de clavecinistes français, etc. Pour piano et orchestre, le concert Stück bien connu, un concerto violon et orchestre, des sonates, des trios, quatuors, sextuors, un volume de vingt mélodies, etc.

E. DEBRUILLE.

X
Les Chansons de Miarka

a — NUAGES !...
b — Hymne à la Rivière et au Soleil

Poèmes de M. Jean RICHEPIN

Musique de M. Alexandre GEORGES

chantées par Mlle Suzanne CESBRON

AVEC ACCOMPAGNEMENT D'ORCHESTRE

sous la direction de M. André MESSAGER.

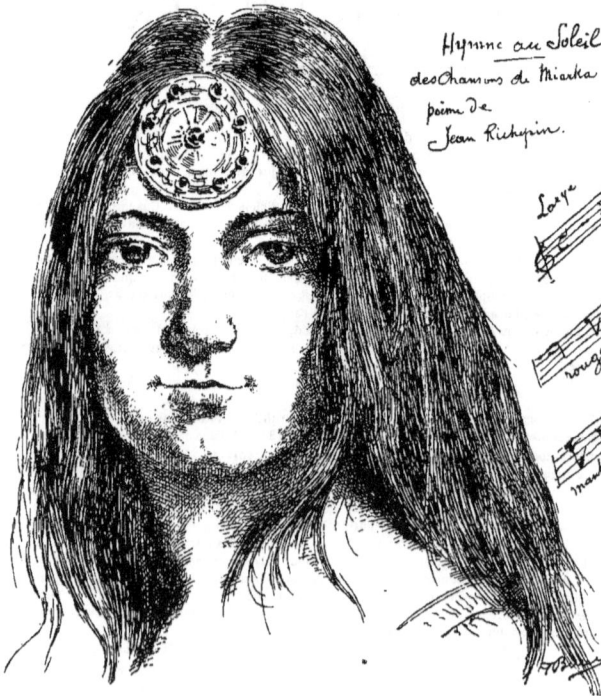

Marche Romané des Chansons de Miarka
poème de Jean Richepin

La route est faite pour aller puisqu'elle...

La roue est faite pour rouler puisqu'elle est ronde

es *Chansons de Miarka* sont extraites d'un roman de M. Jean Richepin, *Miarka, la fille à l'ourse.* Leur charme étrange , leur pittoresque , ont séduit le compositeur Alexandre Georges , dont la musique artistement appropriée les rend plus savoureuses encore.

La jeune Miarka vient de naître. Une vieille bohémienne, Vougne, la trempe dans l'eau en chantant, sur un ton d'incantation et de prières psalmodiantes, l'*Hymne à la Rivière.*

Puis la Vougne essuie Miarka et la présente au Soleil. Elle élève l'enfant au-dessus de sa tête et, d'une voix forte, sur un rythme large, avec l'accent solennel d'une prêtresse, elle entonne l'*Hymne au Soleil.*

Miarka a grandi. La Vougne lui apprend les chansons de Bohême. Miarka aime surtout celle des *Nuages,* si triste, et qu'elle chante, les yeux au ciel comme si elle s'adressait aux nuages eux-mêmes, d'une voix douce ainsi qu'un murmure d'eau courante...

Alexandre GEORGES. — Né à Arras, le 25 février 1850. — Etudes musicales à l'école Niedermeyer, 1er prix d'orgue, de piano, de composition et les deux diplômes décernés par l'État de maître de chapelle et d'organiste. A composé la musique de scène pour les drames *Le Nouveau Monde* et *Axel* de Villiers-de-l'Isle-Adam (1883 et 1894) et pour *Alceste* (Odéon 1891). A fait représenter *Le Printemps*, opéra-comique en 1 acte (ministère des Travaux publics, 1888, puis Théâtre-Lyrique); *Poèmes d'Amour*, op. lyr. 3 actes avec Silvestre (Bodinière, 1er mai 1892); *Les Chansons de Miarka*, en collaboration avec Richepin; une trentaine de mélodies, dont quelques-unes avec chœurs, etc.

A fait jouer *Charlotte Corday*, drame lyrique 4 actes, avec Armand Silvestre ; *Balthazar*, oratorio, avec Grandmougin.

A été professeur d'harmonie à l'école Niedermeyer jusqu'en mai dernier.

Citons encore *Riv-Nah*, drame lyrique en trois actes, *Le chemin de croix*, et *Lourdes* oratorios.

« La musique d'Alexandre Georges, a écrit Reyer, a un caractère absolument personnel, de l'inspiration, de la couleur, une grande habileté de facture. »

Il est superflu d'ajouter quoi que ce soit à cette appréciation du maître de *Sigurd* et de *Salammbô*.

H. M.

XI

Le Jeu de Robin et Marion

d'ADAM DE LA HALLE

chanté par Mlle CÉCILE SIMONNET (1)

ADAM DE LA HALLE. — Maître Adam, surnommé le Bossu d'Arras, non parce qu'il avait une bosse, mais parce qu'il avait autant d'esprit que s'il en eût possédé deux, naquit à Arras, vers 1220, d'une famille de bourgeois cossus, prit l'habit de clerc à l'abbaye de Vaucelles, se maria néanmoins, puis quitta sa femme pour aller étudier à l'Université de Paris, s'attacha au comte d'Artois, Robert II, visita avec lui l'Égypte, la Syrie, la Palestine, l'Italie, et suivit enfin Charles d'Anjou, frère du roi Louis IX, à Naples, où il mourut entre 1285 et 1288, après y avoir fait représenter le *Jeu de Robin et Marion*. Outre cette pastorale célèbre où il mit en œuvre les chansons populaires du temps, Adam de la Halle, aussi bon musicien que bon poète, a laissé des *Chansons*, des *Jeux-Partis*, des *Rondels*, des *Motets*, le *Congé*, un fragment épique : *Le Roi de Sicile*, et ce *Jeu de la Feuillée*, qui est notre première comédie, comme le *Jeu de Robin et Marion* est notre premier opéra-comique.

ÉMILE BLÉMONT.

---

(1) Née à Lille, le 4 mars 1865.

XII

a — LE JOUEUR D'ORGUE

Sonnet de *SAINTE-BEUVE*

<-•-›->

b — Plaisirs de Poète

Poésie de *FROISSART*

dits par M. JEAN COQUELIN [1]

FROISSART. — « Si aulcun quiert savoir qui je suis, je m'apele Jehan Froissart natif de la bonne et franke ville de Valenciennes. »

Telle est l'inscription que porte le monument élevé en mémoire de Froissart, à Valenciennes, où le premier historien de France naquit en l'an 1333.

Froissart fut, en vérité, le chevalier errant de l'histoire. Trottant sur son cheval « qui gris étoit », l'écritoire au côté et la malle en croupe, il alla de ville en ville, de castel en castel, quérir par les grands chemins les éléments de ses *Chroniques.*

Il parcourut ainsi la Flandre, la France, l'Angleterre et l'Écosse, chevauchant côte à côte avec les chevaliers, et les interrogeant sur leurs prouesses ; et successivement il s'attacha à la reine d'Angleterre, Philippa de Hainaut, Valenciennoise comme lui ; au Prince Noir, au duc de Brabant et au comte de Foix, Gaston Phœbus, dont il apprit « la vérité des lointaines besognes ».

Il fut le pur descendant de ces Gaulois dont Diodore de Sicile disait : « Ils ont un langage rapide, concis dans ses formes, prolixe dans son abondance, plein d'hyperboles et de témérité. Avides de contes et de récits, quand ils ne peuvent aller les chercher eux-mêmes par le monde, ils arrêtent les voyageurs et les forcent à raconter des nouvelles. »

Il n'était point possible de mieux prédire Froissart et son génie.

ERNEST LAUT.

SAINTE-BEUVE (1804-1869). — « Je suis de Boulogne par les impressions premières, par le cœur. » Cette phrase est de Sainte-Beuve. C'est à Boulogne-sur-Mer qu'il naquit, à Boulogne qu'il vécut ses premières années. Nous ne comptons pas sans fierté au nombre de nos compatriotes l'écrivain varié et fécond, à la plume alerte, au style flexible et coloré dont on peut dire qu'il a été l'un des plus grands parmi les *hommes de lettres* du siècle dernier.

On oubliera, on a déjà oublié que Sainte-Beuve fut journaliste, d'abord au *Globe* ensuite au *National* avec Armand Carrel ; — professeur au Collège de France, où il ne fit que passer, puis à l'École normale ; — homme politique, oh ! si peu : au Sénat, dont l'empereur en 1865 le nomma membre, s'il fit quelque bruit, son action fut nulle. On ne se souvient plus guère du roman de *Volupté.* Mais on dit, on goûte encore le poète délicat et souple qui a écrit la *Vie et poésies de Joseph Delorme* (1829), les *Consolations* (1830) et les *Pensées d'Août* (1837). On rend pleine justice à l'historien de *Port-Royal* (1840-1862). On met hors de pair, comme il convient, le chercheur curieux et érudit, le critique aux idées larges, à l'esprit ouvert, indépendant, éminemment compréhensif, l'analyste pénétrant et sagace, habile à disséquer et les hommes et leurs œuvres ; ses *Portraits littéraires*, ses *Causeries du Lundi*, monument considérable de la critique contemporaine, resteront comme son meilleur titre de gloire pour la postérité.

Félix MARTEL.

---

(1) Né à Paris, le 1er Décembre 1865 de père né à Boulogne-sur-Mer.

XIII

![hand pointing] # Chansons ✳ Septentrionales

PAR L'AUTEUR

M. MARCEL LEGAY

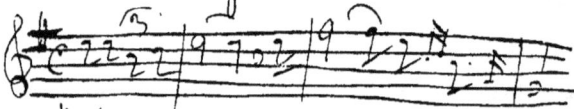

Le mineur

paroles de : F. Lefranc

Hardi compagnon Arrache le charbon

Marcel Legay

Marcel LEGAY. — « De longs cheveux qui s'échappent en boucles d'un haute-forme à bords plats, une longue redingote bleue qui s'envole sur un gilet couleur de muguets blancs », ainsi Léon Duro-cher a silhouetté, justement, Marcel Legay, né à Ruitz, pittoresque village des environs de Béthune.

Engagé volontaire en 1870, puis élève du Conservatoire de Lille, Marcel Legay vint à Paris cher-cher fortune, et il y a trouvé — presque — la gloire. Qui ne connaît en effet ses chansons, innombrables et, pour la plupart, populaires, depuis l'*Heure du rendez-vous* et le *Semeur* jusqu'à *Mes Moutons*, *Les Bleuets*, *Le Fou*, que sais-je encore ? Force nous est d'en passer, et toutes meilleures... que les meilleures. Dans l'impossibilité de noter tous les succès de Marcel Legay, citons du moins les titres des recueils dont, sur des vers de divers poètes, il a écrit la musique. Ce sont : *Les Rondes du Valet de carreau*, *Toute la Gamme*, *Chansons cruelles et Chansons douces*, *Chansons de cœur*, *Chansons fragiles*, *Chansons rouges*, *Ritournelles*... Demain paraîtront des *Chansons de sang* et des *Chansons des gars de la côte* ; un fort bagage, on le voit, sans compter les œuvres éparses. Et il convient de signaler que Marcel Legay eut, il y a une bonne dizaine d'années déjà, la hardiesse de souligner de musique des proses de Zola, de Flaubert, de Maupassant, de Mistral, de Renan, et de... Louise Michel. Pas banal, on l'avouera.

En somme, un enthousiaste, un sincère, qui, interprète prestigieux, émeut parce que lui-même est ému : *le barde* !

F. I.

XIV

a — LE CONTE DU GARDE

de Gustave NADAUD

b — JEAN DE CALAIS LÉGENDE

Poème de M. Auguste DORCHAIN

lus par M. CONSTANT COQUELIN [1]

PREMIÈRE AUDITION

Auguste DORCHAIN, poète, auteur dramatique, publiciste, est né à Cambrai, le 19 mars 1857; après avoir fait ses études au lycée Corneille, à Rouen, il suivit les cours de la faculté de droit, à Paris, mais depuis longtemps l'inspiration l'avait suivi, et toutes ses aspirations le détournaient du barreau. Déjà l'*Artiste* et la *Nouvelle revue* publiaient à l'envi ses poésies, qu'il réunit, en 1881, dans un recueil intitulé *La jeunesse pensive*, ensemble délicat et distingué qui eut un grand succès et auquel l'Académie française décerna un prix Montyon.

Ses débuts au théâtre eurent lieu à l'Odéon, comme il l'avait toujours rêvé, en 1885, par une comédie en quatre actes, en vers, *Conte d'Avril*, délicieuse fantaisie, qui fut un véritable enchantement et qui reçut de l'Académie française un nouveau prix Montyon.

Quelque temps après Auguste Dorchain écrivit, pour le compositeur Widor, et en collaboration avec François Coppée, le livret de *Maître Ambros*, opéra en quatre actes, qui fut représenté à l'Opéra-Comique, en 1886.

Entre temps le poète avait choisi, dans le monde des arts où il avait obtenu de si légitimes succès, la femme exquise qui est devenue la compagne et le charme de sa vie, et ce fut sous l'empire des sentiments qui le captivaient qu'il fit paraître, en 1894, le volume intitulé *Vers la lumière*, faisant suite, pour ainsi dire, à *La jeunesse pensive*, et qui reçut de l'Académie française le prix Archon-Despérouses.

Lauréat de l'Académie française pour la troisième fois Auguste Dorchain fut fait chevalier de la Légion d'honneur en 1894.

En 1895, il donnait à l'Odéon *Rose d'Automne*, comédie en un acte en prose, que le public accueillit chaleureusement.

En 1901 le même théâtre représentait son drame en quatre actes en vers, *Pour l'amour*, œuvre à la fois puissante et douce, dont les beaux vers sont encore dans toutes les mémoires.

Depuis plusieurs années Auguste Dorchain est un des principaux rédacteurs des *Annales politiques et littéraires,* une des publications hebdomadaires les plus répandues et les plus appréciées.

Tel est, à grands traits, l'œuvre déjà considérable de ce poète à la pensée si haute, à la forme si séduisante, que nous aimons tous pour sa bienveillance et pour sa courtoisie, dont nous admirons le talent si pur et si élevé, et qui a pris, en 1808, la place qui lui appartenait parmi les membres d'honneur de la Société des *Rosati*.

Félix DE MONNECOVE.

---

[1] Né à Boulogne-sur-Mer le 25 janvier 1841. Ex-sociétaire de la Comédie-Française. Président de la Société des Artistes dramatiques.

Jean
de
Calais

Légende

J. VANDRIESTEN, inv.

JEAN DE CALAIS

LÉGENDE

I

Bonnes gens de Flandre et d'Artois,
Vous l'a-t-on contée autrefois
La merveilleuse et tendre histoire,
L'histoire de Jean de Calais,
Qui de la chaumière au palais,
Au temps jadis était notoire ?

Je l'ai lue en un vieux bouquin
Que ne couvre aucun maroquin
Mais qu'ont usé des doigts fidèles,
De ces bouquins à quatre sous,
Imprimés en têtes de clous
Sur d'humble papier à chandelles.

Et je me rappelle l'instant
Où ma grand'mère en tricotant
Me la chanta, mise en complainte,
Tandis qu'un pleur au coin des yeux
Un pleur d'amour, son pauvre vieux
L'écoutait en vidant sa pinte...

II

Il était une fois au pays de Calais,
Avant les Espagnols, même avant les Anglais
Qui jamais, lui vivant, n'auraient soumis la place,
Un jeune homme, un marin de très petite race,
Appelé Jean, mais que le peuple avait doté
D'un autre nom, celui de sa propre cité,
Pour avoir à vingt ans, d'une course hardie,
Des bouches de l'Escaut aux caps de Picardie
Chassé les écumeurs de la mer, et rendu
Au commerce du port le libre accès perdu.
Vous le devinez tous, filles étaient coiffées
De ce héros, charmant comme un filleul des fées,
Vanté comme Amadis et Galaor, vaillant
Comme à Cambrai Martin, comme à Douai Gayant.
Et Jean, quand il passait parmi leur ribambelle,
N'eût eu qu'à se baisser pour cueillir la plus belle.
Mais non, quand leurs grands yeux croisaient son œil rêveur !
Chose étrange ! on eût dit plutôt qu'il avait peur ;
Non qu'on le soupçonnât d'avoir l'âme insensible,
Mais il semblait poursuivre une idée impossible,
Comme s'il attendait en son cœur vierge et fier
Que quelque fiancée arrivât de la mer.

Tous les partis il les refuse ; son bonhomme
De père vainement le chapitre et le somme
D'amener au plus tôt femme dans la maison.
Jean recule toujours, sans donner de raison,
Si ce n'est qu'il est jeune et n'aime pas encore.

« Faut-il, pour l'épouser, qu'on aime la pécore ?
Morbleu ! l'on s'aime après, entends-tu, maître sot.
Enfin, quoi qu'il en soit, voici mon dernier mot :
Pendant six mois, va-t-en dans les pays propices
Troquer contre mes draps l'ivoire et les épices,
Tu réfléchiras mieux ayant au loin couru ;
Mais je veux qu'au retour on choisisse une bru
Riche et sage, en un mot comme je la mérite,
Sinon je te renie et je te déshérite.

Maintenant, mon garçon, tu peux faire à ton gré !

— Père, peut-être aussi je la ramènerai. »

Il part avec ses gens de Wissant, de Boulogne,
D'Ambleteuse. Tempête au golfe de Gascogne ;
Vers l'Espagne, combat. On franchit sans danger
Les colonnes d'Hercule en avant de Tanger ;
Enfin, à l'horizon qu'on dirait peint à fresque,
Se montrent les murs blancs d'une ville moresque
Avec ses arsenaux, ses marchés, ses palais :
« Arrêtons-nous ici, pense Jean de Calais.
Nous ferons de l'eau douce et vendrons notre toile,
Après quoi de nouveau nous mettrons à la voile. »
Il commande, on aborde.

            A peine sur le quai
Avec ses matelots Jean a-t-il débarqué,
Qu'un appel déchirant vient frapper son oreille :
C'est une femme en pleurs, de beauté sans pareille,
Que traîne un More affreux et qui résiste... Alors,
Son sang ne fait qu'un tour, il met poignard dehors
Et s'élance. Le More à la face camarde
Sans en paraître ému l'attend et le regarde.

« Approchez, doux seigneur.

                  — Misérable !

                              — Chrétien,
Je pourrais à l'instant te tuer comme un chien.
Par fortune aujourd'hui tu me vois d'humeur tendre :
Je suis marchand, du reste... et la femme est à vendre.
— A vendre ?

            — Cent sequins ! »

                      D'un geste de côté
L'homme dévoile alors la presque nudité
D'une vierge adorable, aux blancheurs de statue,
Et qui de sa pudeur semble encor mieux vêtue.

« Regarde ! Je devais montrer ce corps joli
Au grand eunuque noir du Bey de Tripoli,
Un de mes bons clients, et qui pour son vieux maître
Aurait payé plus cher cette primeur, peut-être ;

Mais je t'ai rencontré, tu me paieras comptant,
Ma foi, chrétien, je te la donne : sois content ! »

Jean, qui croit défaillir de tendresse et de joie,
Sur le sein palpitant jette un voile de soie,
Et, lui-même troublé comme un adolescent,
Guidant la jeune fille, au vaisseau redescend.
Pour elle, il fait orner tout le château d'arrière,
Il achète, pour lui servir de chambrière,
Une sombre Nubienne aux beaux yeux blancs d'émail,
Et lorsqu'on va lever l'ancre, qu'au gouvernail
Le pilote est debout, Jean, de sa voix amène :

« Madame, où voulez-vous que mon vaisseau vous mène ?
Commandez, j'obéis, car je donne ma foi
Qu'il n'est plus à mon bord d'autre esclave que moi. »

Elle alors, confiante à la fois et craintive :

« Seigneur, où vous voudrez, excepté sur la rive
Où m'attend, si j'y touche, un hymen abhorré,
Qu'à la triste Constance un père a préparé...

— Se peut-il ?

                    — J'appelais, pour fuir ce mariage,
La mort même, quand certain soir, sur le rivage,
Des Corsaires...

                    — Ah ! ciel !... Heureuse adversité !
Oh ! non, Madame, non, ce pays détesté,
Vous n'irez plus ; mais, pour un bon accueil, j'espère,
Jean de Calais va vous conduire chez son père. »

Elle rougit, pâlit... elle ne dit pas non,
Mais seulement qu'il lui faudra cacher le nom
De ses parents, et leur état, et sa patrie,
Même à lui : qu'il y va du bonheur de sa vie ;
Que toutefois elle est d'une bonne maison
Qui ne craint pour l'honneur nulle comparaison,
Non plus qu'elle, — et qu'un jour elle pourra peut-être
A son noble sauveur se faire enfin connaître.

Qu'importe à notre Jean le sang dont elle sort !
Elle est belle, elle est pure... il suffit : Cap au Nord !

O clairs matins ! Horizons bleus ! Au fond des Syrtes,
Ames des orangers en fleurs ! parfums des myrtes !
Voyage où par les flots et les rêves bercés,
Ils échangent un soir l'anneau des fiancés !...

« Mais votre père, ô Jean, croyez-vous qu'il consente
Sans savoir si je suis ou princesse ou servante ?...

— J'en doute !... Le plus sûr, à tout événement,
Est de nous marier sans son consentement. »

*
* *

Sur les côtes de France on fait quelques escales,
Et l'on cingle à tout vent vers le pays de Galles,
En hâte d'arriver dans le port de Cardiff,
Ville où le mariage est fort expéditif.
Vous le savez, ce n'est point là qu'on s'embarrasse
D'aucun tabellion, d'aucune paperasse,
Et pourvu que l'accord des deux cœurs soit certain
On forge deux époux en trois mots de latin.
Ainsi donc fut-il fait, le matin d'un dimanche,
Par un sage et bon moine à longue barbe blanche.

Puis en mer !... — Les époux sont laissés à l'écart...
Le soir tombe... tout dort. — Mais de leur banc de quart
Les hommes qui veillaient, sitôt la nuit venue,
Virent deux oiseaux blancs, d'une espèce inconnue,
S'abattre vers l'arrière, et, jusqu'au petit jour,
Sur le toit nuptial se becqueter d'amour.

*
* *

Hélas ! hélas ! pourquoi faut-il que je ne puisse
Pour nos pauvres amants prolonger ce délice !
Que Constance en son âme, ait trop juste auguré
De l'accueil d'un beau-père au cœur dur et serré !
Qu'échappés sur la mer aux fortunes adverses,
Ils trouvent dans le port les plus rudes traverses !...

*
* *

Pour fêter le retour du héros favori,
En vain le peuple entier ne jette-t-il qu'un cri :
« Vive Jean de Calais et la belle Constance ! »
Le père, en apprenant dans quelle circonstance
Son fils avait, trouvant une fille sans bien,
Donné son nom à qui voulait cacher le sien,
N'étant évidemment qu'une coureuse en somme,
Le père, — je ne puis plus dire « le bonhomme », —
Sourd à tous les propos, malgré les « si », les « mais »,
Les « car »... leur défendit de le revoir jamais,
Et même, assure-t-on encor dans les vieux livres,
Il les maudit tous deux, et leur coupa les vivres,
Au point que, sur l'argent quelque peu pris de court,
Dans un quartier perdu, tout au fond d'une cour,
Ils durent pour logis élire une chaumière
— Palais pourtant, l'amour y mettant sa lumière.

Ainsi donc, malgré tout, ne pleurons pas sur eux :
Dans leurs plus grands malheurs, ils furent très heureux,
Tant, qu'au bout de huit mois et de quatre semaines,
Un beau petit Jeannet les paya de leurs peines.

*
* *

On voulut l'envoyer à l'aïeul...

                 « Un bâtard,
Dit-il, ou peu s'en faut !... Ni demain, ni plus tard !
Qu'on éloigne ce fruit, indigne de ma souche !

— Ah ! Constance, dit Jean, se penchant sur la couche
De la douce malade un peu pâlie encor,
Puisque pour l'avenir du cher petit trésor
Nous ne pouvons compter sur l'amitié d'un père,
Avec l'aide de Dieu j'y pourvoirai, j'espère.
Voici quel est mon rêve, ou plutôt mon dessein :
Tant qu'à notre Jeannet tu donneras le sein,
Il ne se pourra plus, las ! que tu m'accompagnes ;
Mais laisse-moi partir ! J'irai dans les Espagnes

Pour y vendre à prix d'or de la dentelle : on dit
Que sur les vêtements elle est fort en crédit ;
Que chez les grands seigneurs, dans les maisons anciennes
On estime entre tous le point de Valenciennes ;
Et celui que j'aurai paraîtra sans rival.
De là, nous pousserons jusques en Portugal.
— En Portugal !
    — Oui, car la vente y sera bonne,
M'assure-t-on, parmi les dames de Lisbonne.
— De Lisbonne !...»

    A ce mot Constance étouffe un cri
De frayeur, ou de joie, on ne sait. Son mari
S'en étonne. Troublée :

    « Ah ! mon Jean, répond-elle,
Qu'il est loin, ce pays, même si la dentelle
De notre Flandre y vaut quatre fois son poids d'or !
Pourtant, lorsque je songe à ce mignon qui dort,
Je n'ose, malgré tout, t'en détourner, et même
Je te dis : « Pars ! » pour mieux te prouver que je t'aime.
Mais quand tu partiras, avec ce joli roi
Je garderai du moins une image de toi,
Tandis que tu n'aurais, pour te réchauffer l'àme,
Ni celle de ton fils, ni celle de ta femme.
Tu les portes au cœur, certes, mais j'aimerais
Que ton œil même, ami, pût retrouver nos traits.
Sur ton navire au lieu d'un saint ou d'une sainte,
Je veux donc, au tableau de la poupe, être peinte.
Jouant avec mon fils, et ressemblante au point
Que, pour peu qu'on m'ait vue, on ne s'y trompe point.
Oui, si tu le permets, encore que je tremble,
Je craindrai moins pour toi cette absence : il me semble
Que par ce talisman, mon époux adoré,
Dans le hasard des flots je te protégerai.
Même, en un espoir vague et doux comme un présage,
Quelque chose me dit qu'au bout de ce voyage
Que je redoutais tant d'abord, tu reviendras
Plus riche encor que tu n'espères, dans mes bras,
Et que, par cette image à qui je te confie,
Je ne sais quoi de grand changera notre vie. »

Entre des rinceaux d'or qui formaient comme un nid,
Un peintre renommé, selon ce vœu, peignit
Constance et son enfant en image fidèle.
Dans le navire on arrima force dentelle ;
Puis, au dernier baiser, presque sans nul effroi :

« Va, dit Constance, va vers Lisbonne... J'ai foi ! »

*
* *

Heureuse traversée ! Image tutélaire !
En deux mois, l'Océan n'eut pas une colère ;
Aucun nuage au ciel ; du matin jusqu'au soir
Un vent tiède et léger... Que de fois, pour pouvoir
Contempler à loisir le tableau de la poupe,
Notre Jean descendit-il seul dans la chaloupe,
Jusqu'au jour où le cher navire, après Cintra,
Dans le fleuve du Tage avec lenteur entra,
Et, vers Lisbonne enfin porté par la marée,
Sur le quai du Palais vit sa coque amarrée!

L'amarre n'était pas attachée aux anneaux
D'un instant, que déjà deux badauds, trois badauds,
Vingt badauds, sur le quai, vers le château d'arrière,
Admirent, semble-t-il, l'image singulière
De ce tableau de poupe, et se parlent tout bas.
Parfois l'un se détache, et revient sur ses pas
Avec dix autres. Puis, des ruelles voisines,
Descendent maintenant les filles des cuisines,
Les pêcheurs, les marins, les portefaix du port,
Qui tous, par ce tableau, semblent intrigués fort.
Une heure encore après, ce sont des cavalcades
De dames, de seigneurs, de moines et d'alcades,
Une foule, — où ce bruit tout à coup met l'émoi :

« Le Roi, Messïeurs, le Roi s'avance : place au Roi ! »

On s'écarte, il approche à son tour, il regarde,
Et soudain pousse un cri. Les hommes de sa garde
Accourent :

— « Ce n'est rien, laissez-moi, leur dit-il ! »

Il se raidit, regarde encore : un feu subtil
Luit dans ses yeux, puis une larme.
                        — « Qu'on m'amène
A l'instant, au palais, le jeune capitaine
De ce vaisseau : je veux lui parler sans témoins. »

Bientôt Jean, l'âme émue (on le serait à moins),
Entre deux noirs huissiers traverse l'antichambre
Où des pages et de beaux seigneurs fleurant l'ambre
Se montrent, dans son simple et modeste appareil,
Celui qui va, comme eux, approcher du soleil.

On entre. Jean, malgré son peu d'apprentissage,
Très galamment, après les trois saluts d'usage,
Met en terre un genou devant Sa Majesté
Qui le relève et qui lui parle avec bonté.

« Votre valeur, Jean de Calais, m'était connue.
La renommée ici nous était parvenue
De vos exploits sur mer, et je serais jaloux
D'avoir chez moi beaucoup de marins tels que vous.
Je sais que, presque enfant encor vous épurâtes
Les Flandres et l'Artois qu'infestaient les pirates.
Ah ! plût au ciel qu'ici, surtout un certain soir,
Avec votre vaisseau j'eusse pu vous avoir !...
Mais laissons ce regret, encor que j'en soupire,
Pour arriver au but : — Jean, sur votre navire
Est un tableau qui doit rester en Portugal.
Certes, ce monument de l'amour conjugal,
Vous y tenez beaucoup ; mais puisque le modèle
Vit encor, vous pourrez avoir, non moins fidèle,
Un portrait au retour que vous remettrez là,
Tandis qu'un être cher, et qui lui ressembla,
Est mort, que je voudrais revoir en cette image
Miraculeusement conforme à son visage...
Laissez-la moi.
                    — Non, Sire, agréez mes regrets :
Je ne puis.
                    — Tu ne peux ? Mais je t'en donnerais
Un trésor...
                    — Encor moins.
                                    — Ah ! ton orgueil abuse
Et si je dis : je veux ?

— Je dirai : je refuse !
— Quelle audace ! »

Assez doux, au fond, le potentat
N'admettait pourtant point que l'on lui résistât.
A ces mots, il se sent monter une colère
Terrible, étant ce soir d'humeur atrabilaire ;

« Holà, gardes ! Ah ! c'est ainsi, maître entêté ?
Eh bien, sois donc chargé de chaînes, et jeté
Dans une basse-fosse... ou cède à mon instance ! »

Alors Jean pousse un cri de désespoir :

« Constance !
— Constance ! Dieu quel nom dans ta bouche ? Mais non ;
J'aurai mal entendu... Constance ?

— C'est le nom
De ma femme chérie.

— Et de quelle famille
Est-elle ?

— Je ne sais.

— Quoi ? Lorsque, jeune fille,
Tu l'épousas ?...

— Je dus lui jurer que jamais
Je ne voudrais savoir...

— Tu le juras ?

— J'aimais !
— Mais du moins, sous quels cieux, comment l'as-tu trouvée ?
— En Morérie, esclave.

— Alors ?

— Je l'ai sauvée
En la rachetant, pure, au More ténébreux
Qui l'ayant prise en mer...

— En mer ?.. Ah ! jour heureux !
Achève ! dis-moi tout ! Je ne peux plus attendre...
C'était ma fille !

— Ciel !

— Entre mes bras, mon gendre !
— Son gendre !

— Accourez-tous ! Venez voir le sauveur
De mon enfant, celui qui lui garda l'honneur !
Jean, prince héritier, viens encor que je t'accole ! »

Oh ! l'ébahissement du Chef du Protocole !

Oh ! le ravissement des pages ! Oh ! le nez
De tous les courtisans, jaloux et consternés !...
— Le populaire est fou de joie : à la fenêtre
Qui donne sur le quai, dix fois Jean doit paraître,
Mais dix fois ses regards et son cœur vont d'abord
Vers un vaisseau marchand qui se balance au port,
Et sur lequel il voit sa reine au col de cygne,
Et son petit enfant qui de loin lui fait signe.

Vous dirai-je à présent le départ sans délais ?
L'escadre qu'on envoie en grand'pompe à Calais
Pour chercher la Princesse, et Jean, pour l'y conduire,
Qui ne veut point quitter son fidèle navire ?
Vous dirai-je l'entrée au port ? Des deux amants,
A la fin réunis, tous les contentements ?
L'effroi du père et ses excuses lamentables ?
Les femmes, les marmots qui grimpent sur les tables
Pour mieux voir ? Le Bourgmestre aux discours plutôt longs ?
Les cloches, les crin-crins, les tambours, les canons ?
Les écoliers dansant à jambes redondaines,
Et la bière qui coule à grands flots des fontaines ?
— Mais cette fête et le retour en grand arroi,
Vous les imaginez tout aussi bien que moi.

Plus tard, en Portugal, Constance et Jean régnèrent ;
Sous leur sceptre jamais les peuples ne saignèrent ;
Même au sein des grandeurs, au fond de leurs palais,
Ils n'oublièrent point la cité de Calais ;

Et c'est pourquoi, chez nous, aux récits des veillées,
Leurs mémoires encor ne sont point oubliées.

III

Et leur belle histoire d'amour
Je vous l'ai contée à mon tour,
Bonnes gens d'Artois ou de Flandre,
Pour que vous emportiez d'ici,
Contre la peine et le souci,
Au cœur quelque chose de tendre ;

Pour que laissant ronger aux vers,
Tous les romans noirs ou pervers
Qui suintent l'ennui d'une lieue,
Vous vous rafraîchissiez encor
Dans un naïf et clair décor
De la Bibliothèque Bleue ;

Pour que ses héros ingénus,
Ces revenants, soient revenus,
Perçant le brouillard qui nous noie
Avec leur geste de clarté,
Où nos ancêtres ont jeté
Leur esprit d'audace et de joie ;

Et qu'enfin, suivant leurs leçons,
Dêux à deux, filles et garçons,
Vous embarquiez, l'âme ravie,
Pour ce royaume sans égal,
Bien plus grand que le Portugal,
Le royaume entier de la vie !

Auguste DORCHAIN.

XV

a LE PAYS NATAL

b MA PHILOSOPHIE

Chansons de Gustave NADAUD

CHANTÉES PAR M. LEPERS [1]

Gustave NADAUD. — Né à Roubaix le 20 Février 1820; destiné au commerce par ses parents, il quitta les affaires après la révolution de 1848 et "se lança dans la chanson comme un oiseau étourdi " écrivit-il dans son testament. Ses opérettes (*le Docteur Vieuxtemps*, *la Volière*, etc.), son roman (*Idylle*) sont déjà oubliés; mais de ses cinq volumes de chansons il restera un certain nombre de morceaux qu'on peut qualifier de chefs-d'œuvre à une époque où la chanson a versé dans l'ineptie ou dans l'ordure. C'est avec émotion que nous revoyons en pensée l'affable vieillard détaillant, l'œil malicieux, l'*Épingle sur la manche*, ou chantant avec un sentiment poignant les *Trois Hussards*. Tantôt humoriste, satirique même, tantôt philosophe et bonhomme, il sut adapter avec adresse la mélodie aux paroles, car le musicien chez Nadaud égalait le poète. Il est mort en 1893, peu de jours avant de recevoir des Rosati les honneurs de la Rose.

R. LE CHOLLEUX.

(1) Artiste lyrique, professeur de chant, né à Tourcoing, le 23 Août 1841.

XVI

a 𝕷'𝕾OURIS DU 𝕱OND

b 𝕷'𝖁IEUX 𝕸INEUR

Poésies patoises de M. Jules MOUSSERON

dites, en costume d'ouvrier mineur, par l'auteur

Jules MOUSSERON. — A propos du poète-mineur, Jules Mousseron, né à Denain, le 18 Janvier 1868, un rédacteur du *Progrès du Nord*, écrivait le 8 juin dernier; « Lille vient d'appeler Mousseron » pour une de ses fêtes: Paris en fera autant un jour. Et, à cet effet, la *Betterave* n'organise-t-elle pas » pour la saison prochaine, une très belle matinée composée d'œuvres d'artistes du Nord ? Qui donc » y serait à sa place mieux que Jules Mousseron ? Il y apparaîtrait — et ce serait original et local au « possible — en costume de mineur. Il dirait quelques-unes de ses pièces si remuantes, si claires, » si attachantes, et, sûrement, le poète « delle *Ville Feumière* » ferait un peu, ce jour-là, la conquête » « delle *Ville Leumière*. »

Ce souhait se réalise aujourd'hui.

Jules Mousseron — un véritable ouvrier mineur qui, tous les jours, descend « au fond », figure au programme de notre fête septentrionale, et nul plus que lui ne méritait de donner au public parisien le goût de notre patois.

« Cher patois du Nord ! » disait Auguste Dorchain dans sa préface des « Feuillets noircis », avec » quel délice je l'ai retrouvé dans les poèmes de mon cher compatriote Charles Lamy, le maître « *Kimberlot*, d'Edouard David, son disciple déjà célèbre, de tant d'autres qui le tiennent aussi pour » leur chef d'école, et parmi lesquels il n'en est pas de plus original, de plus ému, de plus artiste que » Jules Mousseron » — auteur de trois recueils: *Croquis au Charbon, Fleurs d'en Bas, Feuillets noircis*.

« Qu'il soit loué », conclut Dorchain, « le cher et grand poète qui, la journée finie, lorsque *l'cage* » *del fosse* l'a remonté à la surface de la terre et que s'est éteinte *el lampe du fond*, rallume pour écrire » des vers, sa petite lampe d'étude dont le rayonnement ira comme l'autre, mais cette fois dans le » fond des âmes, susciter la joie et dissiper les ténèbres ! »

Jules Mousseron est Officier d'Académie.

P. L..

LA
MUSE NOIRE

Le poëte-mineur Mousseron ... pris à la veine Renard à 545 mètres

Corneille Theunissen
octobre 1901

Le poëte mineur MOUSSERON écrivant ses premières inspirations
sur un morceau de schiste.

XVII

IN ARVENANT ⚹—
—⚹ DÉ L'DUCASSE

Paroles de M. Georges FIDIT [1]

Musique de M. Léon VASSEUR

chanté par MME YVETTE GUILBERT [2]

PREMIÈRE AUDITION.

1

Il r'vénant dé l' ducasse,
Flor' boîte à fair' pitié;
L' grand Nicolas, qui passe,
Li dit : quoi c' t'as à t' pied ?
— J'ai m' chévill' qu'all' s'infelle
Tell'mint t' m'as fait danser ;
J' vas m'assir su' l' tranelle,
Cha va p' t' êt' es passer.

---

(1) Né à Valenciennes, le 20 Mai 1854,
(2) D'origine septentrionale.

2

Comme el douleur ardouble,
Flore all' défait s' sorlet ;
Et Nicolas vot double
In ravisant s' mollet....
— Si té volos, Florette,
N' pas trop t'émotionner,
D'meurer sache eun' milette,
J' poros té l' frictionner.

3

Flore, all' rétale es gambe,
S' trouss', s' met à pied décau,
D'vant Nicolas qui flambe
Et qui n' d'est tout cru d' caud.
Mais l' gas frotte et transpire
Sans trop fort s'imboucher (1) ....
— Cha fait d' mau, qu' Flor' soupire,
Arrêt', t' vas m' l'écorcher.

4

— J' vas cracher d'ssus tout d' suite
P't êt' qué cha fera glicher ?
— Soit, raqu', mais fait bin vite
Pour qué j' peuche avancher....
Cha soulache, arcomminche,
Jusqu'à qu' jé n' sint' pus rien ;
Surtout n' perds mi patieinche
Car cha m' fait beaucoup d' bien.

5

Et Nicolas frott' Flore,
Afin dé l' soulager,
Deux fos, tros fos incore
Sans gramint l' l'outrager....
— J' sus réus ! Faut qu' j'arrête !
J'ai m' bras r'cran ! T' vas m' brisier !...
Té dos êt' satisfaite ?
Pou' m' pein', té vas m' basier.

---

(1) On pourrait mettre : Sans trop s'infoufiéler.

6

— J' veux bin qu'all' dit l' fussiaute,
Mais jur' mi, Nicolas,
Qu'au momint des Rein's-Claute
D'vant l' Mair' té m' conduiras ?
— Jé l' jur' su l' tiêt' dé m' mère,
Les chind's ed mes tâyons
Qui z'arpos't'nt au chim'tière,
Flor', nous nous marierons !

7

Sans quèr Saint Pierre à Rome !
El moral' dé c' canchon :
Ch'est qu' pour avoir un homme
N' faut mi' fair' trop d' façons.
Si vous s' fait's eun' foulure
In r'vénant d' ducasser,
N'y-a pas d' mau, j' vous l' l'assure,
A vous l' laisser masser.

GEORGES FIDIT.

LES HALEURS.

XVIII

a – SÉRÉNADE de SAINT-SAËNS

b – Les Hâleurs

Poëme de M. Jean RICHEPIN

Musique de M. Alexandre GEORGES

c – CHANSON A BOIRE

Paroles de M. René LE CHOLLEUX. — Musique de M. Léon VASSEUR

PREMIÈRE AUDITION.

CHANTÉS PAR LA SOCIÉTÉ DES

ORPHÉONISTES DE VALENCIENNES

Premier Grand Prix au Concours de l'Exposition de 1900

Président : M. DEROMBY. — Directeur : M. CARPAY.

Les Orphéonistes Valenciennois, que leur grand succès au concours de l'Exposition de 1900 a mis au premier rang des Sociétés chorales françaises, n'étaient qu'une section de la Société philharmonique de Valenciennes, lorsqu'en 1864, ils se constituèrent en Société distincte, sous la présidence de M. Deromby.

Depuis cette époque, les Orphéonistes ont toujours maintenu M. Deromby dans cette fonction. Qui donc en serait surpris ? Il n'est pas de ceux auxquels on succède facilement. Dieu sait le zèle et le dévouement avec lequel il se consacre, corps et âme, au bon recrutement, aussi bien qu'à la gloire de sa phalange artistique ; ajoutez que toute la réputation musicale qu'a acquis la ville, depuis quarante années, s'est en quelque sorte incarnée en lui.

Pendant trente ans, de 1867 à 1897, les Orphéonistes Valenciennois furent dirigés par un maître éminent dans l'art du chant choral, Joseph Fischer, qui les conduisit de triomphes en triomphes à travers les grands concours organisés en Belgique et dans les villes de la région septentrionale.

A la mort de Fischer, les Orphéonistes portèrent son deuil et restèrent deux ans sans chef attitré.

C'est seulement à la fin de 1899, que, sur la proposition de M. Deromby, la Société appela à la diriger M. Henri Carpay, que ses nombreux succès à la tête des grands orphéons belges avaient signalé à l'attention du vigilant président.

M. Carpay, outre sa valeur de chef de chœurs, est un éminent maître de chapelle ; il a fondé à l'église de St-Boniface à Ixelles-les-Bruxelles, une œuvre comparable à celle de M. Bordes à St-Gervais, une *Schola Cantorum*, qui vulgarise la musique Palestrinienne et le chant Grégorien.

C'est sous sa direction que les orphéonistes Valenciennois obtinrent, le 23 juillet 1900, au grand concours de chant choral organisé par la Commission des fêtes de l'Exposition Universelle, le *prix unique* d'honneur de la division d'excellence, qui leur vaut le beau titre de *Société Nationale*.

J'ajouterai que sur l'initiative et grâce à l'inlassable dévouement de M. Deromby, les Orphéonistes Valenciennois sont souvent sortis du rôle modeste que leur assigne leur institution, pour élargir le cercle de leur action. Ils organisent en effet, chaque année, depuis qu'il les préside, soit seuls, soit avec d'autres Sociétés locales, une grande solennité musicale, dans laquelle est exécutée l'œuvre complète d'un maître. Des chanteurs de nos premières scènes lyriques sont appelés à y tenir les soli, et quand l'œuvre est d'un de nos compositeurs modernes, ce dernier consent souvent à venir la diriger.

C'est là de la décentralisation musicale qui profite au public et aux artistes, et qui fait le plus grand honneur aux Orphéonistes et à leur dévoué président.

E. L.

Théodore DEROMBY. — Théodore Deromby a eu, en dehors de la musique, l'existence la plus laborieuse. Après avoir achevé ses études au collège de Valenciennes, il fit son droit, conquit le diplôme de licencié et prêta serment en qualité d'avocat devant le tribunal de cette ville. Mais il n'aborda pas le barreau, et se tourna vers le notariat. Pendant dix ans il fut le principal clerc d'une étude importante. Il fut ensuite nommé juge suppléant de la justice de paix du canton Est de Valenciennes, fonctions qu'il n'a pas encore abandonnées. Il donna sa démission en 1899 et, sur la présentation du Ministre de la Justice, fut nommé *Juge de Paix honoraire*, en récompense de ses services.

A la mort d'Albert Seigne — vers 1862 — il entra comme administrateur dans la société Philharmonique. Trois ans après, il formait avec la section chorale de cette société un groupe distinct qui devait bientôt arriver au premier rang : *Les Orphéonistes Valenciennois*.

Les Orphéonistes l'élurent président, et ils lui ont conservé ses fonctions jusqu'ici. Deromby n'est d'ailleurs pas de ceux qu'on peut remplacer dans une telle situation.

H. M.

Chanson à Boire

Buvons la bière
Blonde et légère !
Elle coule comme de l'or,
La mousse monte jusqu'au bord,
Et quand la lourde chope est pleine,
Nous la buvons tout d'une haleine !
Fils de l'Artois,
Enfants de Flandre,
Buvons ! Puis chantons à la fois
Refrain joyeux et chanson tendre !

Buvons la bière
Blonde et légère !
Gambrinus nous en a dotés
Pour nous rafraîchir en été ;
Quand vient l'hiver, le fin genièvre
De ses chauds parfums nous enfièvre.
A pleine voix
Faisons entendre
Les chansons du pays d'Artois,
Les chansons du pays de Flandre !

RENé LE CHOLLEUX.

ENTR'ACTE : 15 MINUTES.

8°

ŒUVRES DE M. GUSTAVE CHARPENTIER

a - La Ronde des Compagnons ⎫
b - LA VEILLÉE ROUGE ⎬ d'après Paul Verlaine
⎭

c - La Muse du Peuple

(FINALE D'APOTHÉOSE)

MISES POUR LA PREMIÈRE FOIS A LA SCÈNE

par M. Albert CARRÉ

Un Prisonnier.................... M. Fugère.
Une voix dans la coulisse........

Avec le concours de l'Orchestre de l'Opéra-Comique sous la direction de M. André MESSAGER ; des chœurs du même Théâtre sous la direction de MM. MARIETTI et BUSSER et des ORPHÉONISTES DE VALENCIENNES.

Gustave CHARPENTIER. — Un jeune — quoique célèbre déjà. Au Conservatoire, un de ses professeurs, avant son passage dans la classe de Massenet, ne lui trouvait que de vagues dispositions musicales. Aussi remporta-t-il le Prix de Rome, dans des conditions exceptionnelles, avec *Didon*, cantate qui demeure un modèle du genre. D'Italie, Charpentier envoie ses magiques *Impressions* : elles confirment le vote de l'Institut. A peine le compositeur est-il de retour à Paris qu'une sorte de légende se tisse autour de lui : c'est un sauvage, un bohème, un mal sociable. Point, Charpentier est un homme libre, simplement, et qui entend le rester. Il en est encore pour s'étonner de cela. Vient la *Vie du Poète*, où se précise sa personnalité artistique, et que des acclamations de plus en plus enthousiastes à chaque audition — surtout fin 1899, quand, Colonne absent, il prend le bâton — consacrent chef-d'œuvre. Entre temps, ce sont les *Impressions fausses*, la *Sérénade à Watteau*, des *Poèmes chantés*, etc. Malgré tout, le théâtre lui demeure fermé. Qu'à cela ne tienne : il conquerra la place publique ; et fièrement s'impose à Paris et dans mainte cité, la *Muse du Peuple*, hymne à la Beauté, exaltation du Travail, hosanna d'Espoir. Cette année même, en plein centre minier, sur une place de Lens où s'entassaient plus de cinquante mille spectateurs, nous avons admiré l'influence de cet Art sur une foule neuve et vibrante. Charpentier a doté son pays d'une fête nouvelle. Cela ne lui suffit pas. Son amour des Humbles, dont il fut — car il a eu, lui, sa part de souffrance — l'incite à fonder l'Œuvre de Mimi Pinson, et grâce à sa pensée tendre, assistée de précieuses bienveillances, les petites fées de l'atelier parisien connaissent hebdomadairement, à tour d'inscription, la joie du spectacle gratuit. Enfin à l'Opéra-Comique apparaît, radieuse, sa *Louise*. La raillerie par avance aiguisait ses pointes ; mais tant d'originalité, de grâce, de puissance aussi, séduit le plus grand nombre. Charpentier l'emporte. La province, l'étranger, s'éprennent de la svelte montmartroise. C'est le triomphe définitif — contresigné de rouge à l'*Officiel* : c'est la gloire. Et là-bas, en un faubourg de Tourcoing-la-Fileuse, les vieux parents, couple doux et laborieux, sourient à cette illumination de leur couchant.

Fernand LEFRANC.

Deux poésies de Verlaine, écloses à l'ombre d'une prison belge, se sont, de par le développement musical de Gustave Charpentier, élargies en drames puissamment philosophiques et d'une impressionnante signification.

Dans *La Veillée Rouge* on n'entend plus seulement la plainte monotone, parfois nuancée d'ironie, d'un vague détenu. La Geôle c'est, semble-t-il, la Société, c'est la Cité d'angoisse, aux parois de laquelle se cognent les faibles Humains, enchaînés à d'éternelles servitudes... « Dame Souris trotte, grise dans le noir. » Ténèbres. Des gémissements imprécis, timides, flottent sur les somnolences et, sous les lueurs blêmes de la lune, s'accentuent. Un chant lointain, vaillant, se nuance d'espoir.... Le petit jour!... « Dame Souris trotte, rose dans les rayons bleus. » C'est l'aube, la délivrance...? Debout !

La Ronde des Compagnons évoque des sensations analogues. Autour du préau vire le « vaincu risible de la loi » ainsi que dans la vie vont en rond, rivés inéluctablement à leur humilité, fermés aux splendeurs du Rêve, les pauvres Hommes. Au dehors le soleil brille, des voix chantent le bonheur d'être libre. Ah, s'évader!... Chimère, il faut tourner « la Meule au Destin, » édictent les « huns » de la chiourme. Dès lors, lutter, s'obstiner?... Bah !

Mais voici que l'horizon s'illumine. Plus d'amertume. Loin les géhennes. Dans le ciel clair montent des hosannas. Le Peuple est en marche vers la joie, vers le triomphe. Une enfant douce et grave, issue de lui, fleur liliale de son âme, s'érige, symbolique, aux libres sommets de Justice et de Fraternité. Son geste de bonté suscite l'universelle harmonie. C'est, dans l'envolée glorieuse des Marseillaises, l'apothéose du Travail.

F. L.

à mon ami Fernand Lefranc
(en souvenir de la Muse de Lens)

Lent

ppp

La Muse du Peuple
Gustave Charpentier

Portrait de la jeune ouvrière des *Mines de Lens* qui, élue par ses compagnes, a figuré symboliquement dans la fête de la Muse du peuple, le 30 juin, en la cité noire. Elle était, par suite, toute indiquée pour prendre place en l'apothéose qui termine le programme.

SCÈNE DU

COURONNEMENT

DE LA

MUSE DU PEUPLE

A LENS

d'après une photographie.

9° MARCHE TRIOMPHALE SEPTENTRIONALE

de M. Victor DELANNOY

par l'ORCHESTRE de l'OPÉRA-COMIQUE

sous la Direction de M. André MESSAGER.

Victor DELANNOY, est né à Lille en 1825. Il est mort à Roubaix en 1887.

Servi par des études bien faites et par une inspiration facile, notre regretté compatriote a obtenu dans sa longue carrière artistique de nombreux succès tant comme compositeur que comme chef d'orchestre.

Toutes ses œuvres portent l'empreinte d'une mélodie gracieuse et mélancolique qu'encadre merveilleusement une science harmonique profonde.

La Marche Triomphale exécutée aujourd'hui est d'une belle conception. Par son instrumentation puissante et colorée, cette marche produit toujours beaucoup d'effet. Elle est au répertoire de nos premiers orchestres. Ancien prix de Rome, Victor Delannoy dirigea longtemps l'école de musique de Roubaix ainsi que la célèbre musique d'Harmonie de notre grande cité industrielle. C'est sous son habile direction que la Grande Harmonie de Roubaix remporta les premières récompenses au Concours international de musique de l'Exposition de 1878.

Émile DEBRUILLE (de l'Opéra).

⁂ LES CANONNIERS-BOURGEOIS ⁂
de Lille et de Valenciennes

—◦—◆—◦—

Au temps jadis la plupart de nos vieilles cités eurent des confréries de Bombardiers : notamment, Douai, Cambrai, Arras, Béthune, Amiens, Lille et Valenciennes.

Ces deux dernières villes seules en ont conservé la trace jusqu'à nos jours.

Valenciennes semble être, de toutes les villes septentrionales, celle qui, la première, posséda un « Serment » de Canonniers.

La confrérie de Bombardiers, sous le patronage de « Monsieur saint Antoine » date de 1382. Celle de Lille, sous la protection de « Madame sainte Barbe, » est postérieure d'un siècle et remonte à 1483.

L'histoire de ces confréries belliqueuses est intimement liée à celle des deux vaillantes cités de Flandre et de Hainaut que tant de fois elles défendirent avec héroïsme. Le seul résumé chronologique de leurs glorieuses annales dépasserait notre cadre. Rappelons-en seulement les plus belles pages : les sièges et bombardements de 1792 et de 1793, qui valurent à nos deux villes, aujourd'hui décorées, un décret de la Convention déclarant qu'elles avaient bien mérité de la Patrie, et à leurs canonniers-bourgeois une mention honorable et une gratification.

En 1875 les deux bataillons furent assimilés à l'armée territoriale.

Quelques années plus tard, celui de Valenciennes fut dissous comme conséquence du démantèlement de la ville ; et, avec les vieux murs tant de fois arrosés du sang de leurs aïeux, les canonniers-bourgeois de Valenciennes disparurent après plus de cinq siècles d'héroïsme et de dévouement à la cité.

Les canonniers lillois subsistent seuls aujourd'hui ; et ils le doivent au maintien d'une partie des fortifications de la ville.

Derniers représentants des milices communales d'autrefois, ils ont pu assister, lors des grandes fêtes lilloises de 1902, à la glorification des hauts faits de leurs aïeux ; et ils sauraient, le cas échéant, maintenir leurs nobles traditions.

Mais souhaitons un long avenir à ces soldats-citoyens qui ont un si merveilleux passé.

E. I.

———— ✳ ————

Le Corps des Canonniers Sédentaires de Lille est le plus ancien de la région du Nord. Réorganisé en 1483, son origine remonte plus haut encore, mais la date n'a jamais pu en être exactement fixée.

Les Canonniers de Lille ont d'importants et nombreux états de services ; ils se sont distingués dans plusieurs sièges de la ville.

A l'occasion du centenaire de la levée du siège de 1792 a été publiée une Histoire complète des Canonniers. Cet ouvrage se compose de deux volumes : le premier traite de la Confrérie de Sainte-Barbe, de l'origine à 1792 ; le second, du bataillon des Canonniers Sédentaires, de 1792 à nos jours.

Pendant les entr'actes, la Musique de la Garde républicaine, installée au foyer du public, exécutera, sous la direction de M. Gabriel PARÈS, les airs nationaux suivants :

PROGRAMME

La Marseillaise.

Ouverture du Roi d'Ys...................... Edouard LALO.

PREMIER ENTR'ACTE

a. Gayant..................................... CHARLIER.
b. Le Porte-Drapeau....................... O. PETIT.

DEUXIÈME ENTR'ACTE

a. Le P'tit Quinquin....................... V. SAMBIN.
b. Le Centenaire du siège de Lille...... J. HERMAN.

TROISIÈME ENTR'ACTE

a. Le Carillon de Dunkerque...........
b. Martin et Martine.....................
c. Marche Triomphale Septentrionale. Victor DELANNOY.

O pays natal tant aimé, foyer que nous avons tant chanté et dont le souvenir nous charmera toujours, que nos pensées s'envolent vers toi !

Bercés par nos vieux airs populaires de Gayant, du Petit Quinquin, de Martin et Martine, du Carillon de Dunkerque et par tant d'autres qui ont fait la joie de nos ancêtres et la nôtre, nous ne pouvions omettre de faire figurer sur le programme ces refrains légendaires.

Comme autrefois, enfants du Nord et du Pas-de-Calais, nous allons les ouïr, les redire et nos cœurs tressailleront à leurs échos répétés dans notre cher Paris.

NOTA. — Les programmes seront vendus dans la salle, par de jeunes artistes des théâtres de Paris, habillées en Boulonnaises, qui distribueront, en même temps, des fleurs et des éventails.

Régisseur de la Scène pour la Représentation

M. Raoul LOUAR [1]

Notre compatriote Paul ADAM, qui a tenu à prendre part à notre Manifestation Septentrionale, nous a envoyé pour le livre-programme de la Fête, un dialogue philosophique intitulé le **MIROIR DE NARCISSE**. Nos souscripteurs liront avec plaisir ces belles pages inédites, dues à la plume d'un des plus remarquables écrivains de la région du Nord.

LETTRE-PRÉFACE

A M. Édouard NOEL

MON CHER PRÉSIDENT,

Vous me demandez mon avis sur le théâtre en France. Voulez-vous savoir ce que j'en pense, tel qu'il existe, ou ce que je désirerais qu'il fût ? Si c'est cette dernière opinion, sachez que je désirerais qu'il fût comme il n'est pas et n'a jamais été chez nous, hélas.

L'Allemagne peut se vanter de Wagner et de Gœthe, l'Angleterre de Shakespeare ; la Grèce fêta Eschyle et Sophocle ; l'Espagne, Lope de Véga ; mais notre fortune dramatique se compose seulement d'imitations habiles et de prosodie soucieuse. Nous ne possédons pas de drame original, ou si nous en avons un, tout son effort se porte à peindre les petites misères intimes causées par les besoins de l'instinct sexuel en contradiction avec les intérêts, les lois ou les convenances.

Corneille et Racine écrivirent d'après les œuvres grecques ou latines certains pastiches présentant une singulière apparence de propos tenus dans les couloirs de Versailles. Quel attrait, cette littérature classique nourrie aux parfums de l'alcôve souveraine !

A peine serait-il malséant de dire que Victor Hugo et son entourage bataillèrent afin d'imposer à l'admiration académique : la voix du sang, l'épée de mon père, le noble valet, l'anneau de reconnaissance, le cor annonciateur, le bandit généreux et le poison de délivrance. *Hernani*, pour quoi l'on se débattit en de vigoureuses polémiques, réunit à peu près tous ces éléments d'émotion immédiate.

Quand parurent Georges Sand, Musset, Feuillet et leurs écrits sentimentaux, le théâtre s'empara de cette production.

Julie au dernier acte, trépassa d'une maladie de cœur. Les institutrices, filles-mères furent réhabilitées. Le jeune homme pauvre épousa des millionnaires. Les adultères fleurirent. Les catastrophes éclatèrent parmi les coups de pistolet. Antony poignarda. Puis les mœurs s'adoucirent. On se contenta d'examiner un par un les cas de faiblesse conjugale, tous les antagonismes d'amour contre l'honneur et l'argent.

Depuis 1860 le public vit sur cette nomenclature dont Alexandre Dumas fut le protagoniste inlassable. La réhabilitation du bâtard, l'institution du divorce, l'éloge de la courtisane furent ses sujets.

Après Molière et Augier, avant Henri Becque, il a expliqué habilement les travers du monde. Les tragiques du xvii° siècle n'ayant fait que perpétuer la rhétorique byzantine, notre théâtre national est donc malheureusement bien celui de Molière, de Labiche et de Dumas.

Malheureusement car on ne nous empêchera pas de déplorer que la race, mère de Montaigne, de Descartes, des Encyclopédistes, d'Hugo, de Flaubert et de Villiers de l'Isle-Adam ne soit parvenue à engendrer un seul dramaturge émule d'Eschyle, de Shakespeare, de Goethe ou d'Ibsen, par l'évocation des Idées, et que l'exemple des succès acquis à ces noms n'ait point encouragé des tentatives vers l'arrangement scénique des grandes idées générales.

Il ne faut pas se leurrer. La besogne d'un Molière, d'un Labiche, d'un Dumas offre, relativement au génie de l'humanité un très mince apport. Plus une œuvre généralise, plus haute est son esthétique. Plus elle particularise, moins elle importe au développement de l'art.

Eh bien, les générations nouvelles regrettent qu'aucun écrivain de notre race n'ait tenté un effort analogue à celui de Goethe dramatisant la fable splendide de Faust. Et il paraît bien probable qu'entre les adolescents qui achèvent à l'heure présente d'étudier, il y en aura qui réussiront à satisfaire ce désir de nos intelligences, selon les exemples donnés par Henry Becque avec la tragédie des *Corbeaux*, Porto Riche avec la comédie fataliste d'*Amoureuse*, Paul Hervieu avec l'admirable évocation de la douleur humaine perpétuée par ce symbole: *La course du flambeau*.

Veuillez agréer, mon cher Président, etc.

Paul ADAM.

Paris, le 20 novembre 1901.

Paul ADAM. — Sa caractéristique : est épris d'idées générales. Il est surprenant de voir comme du moindre fait divers, de la moindre anecdote, il sait dégager l'idée générale, la faire ressortir avec érudition et brio tout à la fois, et en tirer un enseignement. Et c'est là une rarissime qualité en littérature, où les penseurs ne sont pas aussi communs qu'on pourrait le croire.

Fils de parents artésiens, Paul Adam compte une ascendance héroïque, mêlée activement à l'épopée militaire de la Révolution et de l'Empire; est-ce cette hérédité qui lui a permis de décrire les épisodes avec une intensité de vie aussi remarquable, avec une précision de détails aussi minutieuse, avec une couleur aussi vibrante?

Travailleur acharné, il a déjà un nombreux et important bagage d'œuvres, et il figure parmi les écrivains les plus notoires de la jeune génération, parmi ceux qui entraînent les autres à leur suite.

Son premier livre, *Soi*, parut en 1886; puis vinrent *Être* et le *Thé chez Miranda* en collaboration avec Moréas; *En décor* et *Chair molle. Critique des mœurs* est un recueil de chroniques parues au *Figaro*. *Robes rouges*, le *Vice filial*, les *Cœurs utiles*, le *Mystère des Foules*, les *Cœurs nouveaux*, la *Force du Mal*, l'*Année de Clarisse*, la *Bataille d'Uhde*, le *Triomphe des Médiocres*, sont une série d'ouvrages où vit la société contemporaine. Il faut y ajouter quatre volumes de contes : *Images sentimentales*, *Parade amoureuse*, le *Conte futur*, les *Tentatives passionnées*. Enfin il fait revivre les époques disparues dans la *Force*, et *Basile et Sophia*. La *Ruse* vient de paraître en feuilletons dans le *Journal*.

Journaliste fécond, Paul Adam a collaboré à la *Revue Indépendante*, au *Symboliste*, au *Carcan*, à la *Vogue*, à la *Grande Revue de Paris et St-Pétersbourg*, aux *Entretiens politiques et littéraires*, au *Figaro*, au *Journal*, au *Gil Blas*, à l'*Éclair*.

Au théâtre, il a donné le *Cuivre* en 1885. Nous aurons aujourd'hui le *Miroir de Narcisse*, une intéressante primeur.

Paul Adam est Chevalier de la Légion d'Honneur.

Henri MALO.

10° LE MIROIR DE NARCISSE

CONTE PHILOSOPHIQUE, EN PROSE,

par M. Paul ADAM

PERSONNAGES : BELLA, MAGGY, GEORGIE, les trois filles du pasteur Clarke. Elles sont les jeunes veuves du Roi du Fer, du Roi de l'Espace et du Roi de l'Or. NARCISSE, voyageur dilettante.

Le hall de quelque Splendide Hôtel, dans une ville maritime des États-Unis. On aperçoit la cité, le port et la mer.

Le drame s'accomplit de nos jours.

SCÈNE UNIQUE

NARCISSE, puis BELLA, MAGGY, GEORGIE.

Au lever du rideau, Narcisse est assis près d'une table encombrée de journaux, de brochures, de revues et d'albums. Il tient une revue à la main et lit. Du fond, Bella, Maggy et Georgie apparaissent toutes trois presque aussitôt, se montrent Narcisse avec étonnement et l'abordent.

BELLA, *malicieuse.*

Bonjour, monsieur le voyageur. Nous vous avons bien attendu.

MAGGY, *indulgente.*

Bonjour, prince... Nous venons faire accueil à celui que nous n'espérions plus.

GEORGIE, *mystérieuse.*

Bonjour, Narcisse... Soyez le bienvenu dans notre ville ; elle est la vôtre aussi.

NARCISSE.

Mesdames. Vous êtes fort gracieuses ; et je vous salue.

BELLA.

Reconnaissez-vous les amies d'autrefois.

NARCISSE, *avec hésitation.*

... Certes.

GEORGIE.

Oh ! l'oublieux !

MAGGY.

L'ingrat !

NARCISSE.

Je vous ai entrevues au moins dans mes plus beaux rêves. Ne seriez-vous point quelques-unes de mes illusions... qui sur cette terre inconnue de moi... se font reines pour me recevoir ?

BELLA.

Non pas. Notre climat positif se prête mal aux fantaisies des mages... Nous sommes trois réalités bien vivantes, chairs et esprits... Nous sommes les trois filles du pasteur Clarke.

NARCISSE.

Ah !... Parfaitement !... C'était à Vienne... Non, à Paris.

MAGGY.

Inutile... Ne prenez pas la mine de celui qui se rappelle enfin une ancienne rencontre. Le nom même de notre père ne réveillerait pas vos souvenirs. Mais voici ma sœur aînée, Bella, et Georgie, la cadette... C'est Maggy qui vous parle...

NARCISSE.

Ah ! mille pardons ! Nous avons ensemble, si je ne me trompe, fréquenté l'atelier de mon maître : vous avez étudié la sculpture à l'École des Beaux-Arts !

BELLA.

Oui, prince, au temps où vous gâchiez la glaise pour élever votre propre statue... qui fut d'ailleurs un chef-d'œuvre.

MAGGY, *espiègle*.

Avez-vous tenu votre promesse ?

NARCISSE.

Certainement.

GEORGIE.

Quoi, vous n'avez point cédé au désir de créer d'autres œuvres ? Le succès ne vous a pas encouragé à la récidive ?

NARCISSE.

Nullement. Mon effigie me suffisait. Rien que pour la posséder, entière et définitive, j'avais entrepris de m'instruire dans l'art de la sculpture. Il me semblait qu'en me voyant complet devant moi, sans cesse, je corrigerais plus aisément les tares de mon âme qui donnaient à ma mine des apparences défectueuses, et qu'au contraire, je renforcerais ceux de mes mérites qui donnaient du caractère à mon visage, en le marquant de leurs sceaux.

BELLA.

Et vous êtes-vous amélioré par ce moyen ?

NARCISSE.

Vraiment, je le crois... Je suis plus digne, Mesdames, de vous déplaire moins.

GEORGIE.

Nous ne vous marquions pas alors que vous nous déplaisiez.... N'avez-vous pas été notre flirt à chacune... successivement.

NARCISSE.

J'aurais cru pouvoir dire en même temps !

MAGGY, *narquoise.*

Oh ! Narcisse, vous nous choquez.

NARCISSE.

Et pourquoi ? N'êtes-vous point la même déesse en trois personnes délicieuses... La vie même ne vous a point séparées depuis dix ans. Je vous retrouve ici telles que je vous aimais, lorsque vous alliez à trois par les galeries du Louvre, admirant les Vinci, les Mantégna, les Watteau et les Poussin ; ou dressant vos trois chevalets devant le Triomphe de Flore, pour rivaliser d'adresse...

GEORGIE.

Le fait est que nulle de nous trois ne put vous attacher spécialement à sa personne.

NARCISSE.

C'est que, si je me souviens bien, vous n'avez pas voulu satisfaire à une petite condition... celle...

BELLA.

De peindre votre portrait ou modeler votre buste de telle sorte que vous y découvriez des pensées nouvelles véritables omises par votre habileté dans votre statue.

NARCISSE.

Je voulus que la fiancée fût celle qui m'aurait compris mieux que je ne me comprends moi-même... Narcisse souhaitait, dans les yeux de son épouse, le miroir qui lui apprendrait plus sur lui-même que son reflet.

MAGGY.

C'était chose difficile.

NARCISSE.

Aimer, c'est savoir. Aimer mieux, c'est savoir davantage. Je voulais être aimé plus que je ne le suis par moi-même.

BELLA, *fort ironique.*

Quel problème ardu !...

GEORGIE.

Et il ne semble pas qu'une autre l'ait résolu. Vous êtes demeuré célibataire.

MAGGY.

Solitaire.

NARCISSE.

Oui. Personne ne m'a présenté le miroir que je désire. L'eau seule réfléchit assez bien les variations de mes pensées. Seule donc, elle me reproduit au moins totalement. Mais elle-même ne m'apprend rien outre ce que je sais de moi.

BELLA, *moqueuse.*

L'onde n'est pas plus heureuse que nous ! Ni l'onde, ni les femmes de la planète. La terre n'est pas plus heureuse que nous auprès de votre orgueil, Narcisse.

NARCISSE.

Et cependant c'est votre intelligence, Bella, que j'ai cherchée dans toutes les âmes qui me séduisirent ; et c'est votre savoir, Maggy... et c'est votre beauté, Georgie...... J'ai regretté dans bien des étreintes qu'elles ne m'offrissent pas ce que j'attendais de vous... Hélas, le monde ne contient pas assez d'yeux amoureux pour qu'il y en ait une paire capable de m'apprendre, à l'instant de se pâmer, ce que j'ignore de moi...

GEORGIE, *coquette.*

Ignorez-vous ? Autrefois, quand nous étions trois jeunes filles un peu frivoles qui terminions à Paris notre apprentissage de vierges fortes, nous admirions l'étendue de votre savoir, Narcisse. Vous n'ignoriez rien de ce que les créateurs découvrent pendant les veilles froides dans les mansardes, pendant de longs mois écoulés parmi la poussière des bibliothèques, durant les grands voyages à travers les continents restés mystérieux, et, sous les coupoles des observatoires, alors que scintille la poudre des mondes, au cours des nuits chaudes. Ce que vous nommez encore ma beauté trembla d'amour pour l'univers que révélait votre bouche diserte, et voilà pourquoi, un soir que vous penchiez dans le salon de mon père, votre visage jusqu'à ma joue, j'ai, domptée par le frémissement de ma gratitude spirituelle, permis à mes lèvres d'effleurer votre souffle... Narcisse... Qu'ignorez-vous donc ?

NARCISSE.

Le sais-je... Si je le savais... ignorerais-je ? Certes, Georgie vous m'avez à cet instant de jadis montré quelque reflet de moi-même, mais si fugitif que je ne pus le percevoir, et que je ne pus déduire, de l'impression trop rapide, ce que votre savoir même, Maggy, en eût pu, sans doute, retirer.

MAGGY, *amoureuse.*

Oh !... Mon savoir est mince.. Cependant, je crois avoir conquis un peu de vous, par son moyen, moi ! Vous souvenez-vous combien j'étais éprise de vos allures, et comment je passais, Narcisse, des soirées de bal, assise dans un coin, à vous contempler, dieu magnifique et jeune, qui meniez la farandole des bacchantes en robes de lumières et de fleurs ? J'en délaissai les mathématiques des Nombres, ces amants multiformes et qui signifient toutes les grandeurs de la nature, qui vous étreignent dans toutes les vigueurs de la logique, et qui vous épuisent avec toutes les extases que procure la compréhension de l'infini, l'attente voluptueuse de son approche... Oui, je les délaissai pour vous, Narcisse ; car il me parut que l'harmonie de votre splendeur physique contenait une formule de beauté plus complète encore.. Et j'ai conçu que les Nombres purs sont peu de chose sans les apparences de la vie qu'ils expriment, sans la palpitation des chairs, le frisson des ormeaux, et les lueurs des fleuves courant aux baisers des vagues marines... Apollon ne devient dieu que s'il peut être embrassé par une muse éperdue.

NARCISSE.

Est-ce pour cela, Maggy, qu'un matin, dans le Bois de Boulogne où je vous rencontrai, centauresse intrépide, vous m'avez prié de chevaucher près de vous, et vous m'avez entraîné dans les ombres d'une sente déserte pour arrêter nos montures, puis me serrer contre votre cœur tumultueux ?

MAGGY, *haletante.*

Mais oui.

BELLA.

Maggy n'a pas cessé de vous chérir, Narcisse, et, parlant de votre image, elle nous a remplies de sa passion... Nous avons subi ses regrets, nous avons partagé les angoisses de son désir stérile.. Et, pour l'empêcher de mourir, nous avons entrepris de construire le miroir, Narcisse, qui peut refléter votre âme entière, l'âme de l'homme, l'orgueil de son œuvre.

NARCISSE.

Bella, ma chère Bella, c'est donc possible ! Construire mon miroir aurait été choisi par votre intelligence comme but de ses ambitions merveilleuses que j'ai tant écoutées dans les serres tropicales du banquier Wogt. Chacune de vos paroles effaçait alors, par son évocation de triomphe, la magnificence des fleurs australiennes épanouies dans les caisses d'ivoire, sous les palmes des bosquets favorables à nos marivaudages. Les corolles des orchidées devenaient ternes et grises..; et, supplicié par le désir de goûter plus près les syllabes magiciennes de votre bouche, j'ai, certain soir, plongé mes lèvres dans votre gorge dévêtue qui palpita, comme des mondes émus de naître...

BELLA, *tendre.*

Votre baiser, Narcisse, ne cessa point de me brûler le cœur... Je vous aime, ainsi que mes sœurs vous aiment...

NARCISSE.

O mes amies, ô mes amantes, ô mes idées ! Je vous avais perdues !

GEORGIE, *qui tourne sur elle-même et se laisse contempler.*

Crois que nous sommes toi-même ! Crois-le.

NARCISSE.

Je le vais croire.

MAGGY.

N'en doute plus... Car nous avons construit le miroir de l'homme. Ton miroir.

BELLA.

Regarde !...

NARCISSE.

Je vois le port, la forêt de ses mâtures, les scarabées brillants que sont les monitors et les croiseurs, une flotte de guerre !... Je vois la grande ville que le monde nomme la Cité des Miracles. Je vois la ville de fer, de verre et d'or, qui surgit en si peu d'années, sur la place des pauvres villages...

MAGGY.

En dix ans...

GEORGIE.

Pendant les dix années de notre passion triple...

NARCISSE.

Oh ! mes trois âmes !... Bella, l'intelligence, Maggy, la science, Georgie, la beauté... Vous avez fait cela !...

BELLA, *triomphante.*

Reconnais-toi, Narcisse, reconnais ton œuvre et toi-même dans ce pays que, fécondés par ton désir, nos efforts enfantèrent...

NARCISSE.

Les deux lacs ovales brillent étrangement vers le haut de la cité, entre les bois de cyprès noirs.

BELLA.

Comme l'intelligence de tes yeux changeants, Narcisse.

NARCISSE.

Quelles puissances agissent derrière la façade de cet immense palais courbe construit plus haut que les lacs... et dont luisent les frontons indéfinis.

MAGGY.

Comme ton front au grand savoir, Narcisse !... Dix mille étudiants apprennent les secrets miraculeux des Energies Naturelles dans cet édifice universitaire.

NARCISSE.

Un faubourg énorme s'étend plus loin, quelle activité..! Un peuple de Vulcains, de Titans et de Cyclopes, doit forger la puissance du fer, là-bas.. Mille tours de brique rouge disparaissent derrière les mèches innombrables de leurs fumées noires et brunes que des étincelles parfois teignent de cuivre roux.

GEORGIE.

Comme ta chevelure, Narcisse... ce faubourg m'appartient. On m'appelle ici la Reine du Fer. J'ai voulu moi-même être celle que ferait refléter ta crinière sur le portrait miroir.

NARCISSE.

Oh !... Mais oui... La ville est pareille à ma stature... Les deux bras de ses quartiers riches s'étendent ainsi que ceux d'un homme qui veut embrasser toute la vie connaissable.

BELLA.

Comme tes bras aux grands désirs, Narcisse... Ces quartiers contiennent mes banques. Elles ceignent la terre d'un étroit bandeau, par la circulation de leurs richesses. Leur ardente cupidité saisit le produit des tâches humaines, les concentre et les répand pour payer les labeurs des peuples. C'est moi qui voulus faire refléter la force de tes désirs sur le miroir, Narcisse. Je suis, pour ceux de ce continent, la Reine de l'Or.

NARCISSE.

En vérité... En vérité, mes âmes ! Mon âme !... Il me semble que jamais je ne me suis appris autant... Voici des palais de joies où sonnent les musiques voluptueuses ; je distingue vaguement des processions de courtisanes. De là divergent deux voies que parcourent deux express. L'un descend au port. L'autre monte à la cité... Quelle vitesse de foudre les emporte !

MAGGY, *lui prenant la main gauche.*

Je me suis souvenue de ta course, durant cette partie de chasse où tu poursuivis un cerf blessé. Je t'aimai tant lorsque tu revins chargé de la proie lourde et sanglante. Tu ressemblais à ce que nous imaginions de l'homme des cavernes, quand il installa le premier foyer pour sa horde de petites épouses capturées et d'enfants agiles... Depuis, je méditai sur les forces rapides. J'inventai. L'éclair est prisonnier dans ces patins qu'il entraîne aussi vite que sa lumière... Les gens de la région me nomment la Reine de l'Espace.

NARCISSE.

Est-ce vraiment moi-même qui me reflète dans votre cité, mes Reines ?

GEORGIE, *lui entourant la taille de son bras.*

Toi-même. Reconnais ton cœur. Ne bat-il pas comme les marteaux de bronze battent les cloches de la cathédrale... Je me suis souvenue du temps où tu cherchais dans la prière, un moyen d'accroître la puissance de ta méditation. Tu ressemblais aux premiers prêtres qui, sur la roche du premier autel, enseignèrent un idéal aux tribus farouches des chasseurs, un souhait vague de devenir eux-mêmes le dieu des ouragans qu'ils craignaient, au point de lui sacrifier leurs filles vierges.

NARCISSE.

Je vous apparus ainsi, ma beauté ?

BELLA, *lui mettant les deux mains sur les épaules.*

Reconnais ta voix. Ne l'imitent-ils pas fort exactement nos choristes de qui les trilles arrivent apportés par le vent depuis les coupoles du temple musical, les coupoles rouges comme tes lèvres d'amant... Je me suis souvenue des heures où tu chantais dans le salon de mon père. Tu ressemblais à cet Amphion qui touchait la lyre. A ses accents les chasseurs et les pasteurs accoururent, déposèrent leurs armes et rassemblèrent les pierres de la première cité, pour apprendre la concorde et la fraternité.

NARCISSE.

Je vous apparus ainsi, mon Intelligence ?

MAGGY, *se penchant contre le cœur de Narcisse.*

Reconnais le halètement de ta poitrine amoureuse dans le clair frisson des arbres et du parc étendu sur le centre de la ville. Je me suis souvenue du jour où tu te précipitais entre les soldats furieux et les misérables en révolte, en criant: Justice ! Tu ressemblais aux premiers apôtres qui, sur les bornes des carrefours, proclamaient la foi du Christ en faveur du Faible contre l'arrogance du Puissant. Ainsi, devinaient-ils la vertu féconde du nombre.

NARCISSE.

Je vous apparus ainsi, ma Science ?

LES TROIS SŒURS, *montrant la ville.*

Ainsi !

Un long silence. Ils restent enlacés tous trois. Maggy à gauche penchée sur le cœur de Narcisse, Georgie à sa droite et lui entourant la taille, Bella le tenant aux épaules, et l'adorant des yeux.

BELLA.

Avons-nous forgé le miroir de ton reflet véritable, Narcisse?

NARCISSE.

Oserai-je me reconnaître, moi, dans l'œuvre totale de l'Intelligence, de la Science et de la Beauté humaines,— moi, le voyageur que mirent à peine les eaux changeantes des fleuves et des océans.

MAGGY.

Mais oui, tu peux l'oser. N'es-tu pas l'homme ?

NARCISSE.

Je suis un homme

GEORGY.

Tu n'es pas fou jusqu'à penser qu'un être se détache des êtres et que, par lui-même, il existe. Il n'y a beauté que dans l'harmonie, entre des forces diverses. Narcisse n'est beau que s'il résume une quantité de mérites épars dans beaucoup de gens. On ne peut pas se dire un homme, une femme. On est l'œuvre de l'homme, ou si tu veux, des sociétés humaines. On est Les Hommes.

NARCISSE.

Sans doute... Et voici mon miroir, celui que je souhaitais, puisqu'il m'augmente de tout ce que pensa l'humanité, de ce que je percevais mal en cherchant la ressemblance de mon individu solitaire... Comment mes amies, avez-vous, de la sorte, forgé le miroir fidèle aux reflets profonds... Étiez-vous seules pour accomplir la tâche...

BELLA.

Non

Toutes trois s'écartent de lui.

MAGGY, *un doigt sur les lèvres.*

Il fallait pour notre idée des vigueurs capables de l'accomplir.

GEORGIE.

Nous avons inspiré à nos maris l'œuvre que ta beauté nous conseilla.

NARCISSE.

Vous êtes mariées ?

BELLA.

Avec un ingénieur. Et il a trouvé dans les terrains l'or nécessaire pour construire la ville à ton image. C'était le Roi de l'Or.

MAGGY.

Avec un physicien. Et il a dompté plus étroitement les forces électriques nécessaires pour animer la ville à ton image... C'était le Roi de l'Espace.

GEORGIE.

Avec un forgeron... Et il a transformé la matière brute en outils nécessaires pour construire la ville à ton image. C'était le Roi du Fer.

NARCISSE.

C'était !... C'était !... C'était !... Parlez-vous des gens défunts ?

BELLA, *haussant les épaules*.

Ne fallait-il pas qu'ils disparussent...

MAGGY, *spécieuse*.

La tâche faite, ils eussent trop pâti de savoir qu'elle n'était pas conçue pour leur bonheur propre.

GEORGIE, *ironique*.

Et le spectacle de leur douleur eût troublé l'eau de ton miroir, Narcisse.

NARCISSE.

Auriez-vous tué ?... Non ?... Alors...

BELLA, *plaisante*.

Nous avons simplement réussi à être pour eux... : trop belles.

MAGGY.

Et, s'étant comparés à nous, leur laideur les désespéra jusqu'à ce qu'ils mourussent de tristesse.

GEORGIE.

Car trop de beauté tue ceux qui s'aperçoivent comme indignes d'Elle... Et ils se sont cachés dans le sein de la mort.

NARCISSE.

Pourquoi donc ? Les avez-vous raillés cruellement ?

BELLA.

Nous ne les avons pas raillés. Nous sommes devenues toujours plus belles.

Les trois sœurs se reculent et se prennent par la main

Henry E. Delacroix

MAGGY.

D'heure en heure, nous devenions mathématiquement plus belles.

GEORGIE.

Beaucoup plus belles... que la beauté saisissable par leurs imaginations.

Elles ont encore reculé.

BELLA.

Et ils eurent peur que nous ne cessions d'aimer leurs génies si différents de nos somptuosités corporelles... car elles augmentaient minute par minute.

MAGGY, *entraînant les deux autres en arrière.*

Ils redoutèrent que nous ne cherchions ailleurs d'autres héros plus dignes de notre splendeur ; elle croissait seconde par seconde.

GEORGY.

Alors ils comprirent qu'un autre était adoré par nous ; nous devenions plus magnifiques instant par instant.

BELLA, *tout au fond de la scène, et d'une voix pitoyable.*

Ils le comprirent, et, comme ils nous aimaient, ils moururent, soupçonneux et tragiques, dans nos embrassements.

Ensuite, souriantes, elles se rapprochent toutes trois de Narcisse, insensiblement.

NARCISSE, *se détournant, peureux.*

Il est effroyable, en effet, de vous sentir si puissantes et si belles... Le soleil achève de décliner... Le crépuscule lance de grands rayons verts aux zénith... La ville est plus divine encore avec ce teint de pourpre rose dont le couchant la farde... Soleil !.. Soleil ! Tu fardes trop la ville en plongeant à la surface de la mer... Crépuscule : ne mets pas tant de voiles verts et mauves sur ses formes d'une harmonie trop impeccable, trop douloureuse, pour mes sens chétifs... Nuit... Nuit... Si tu ajoutes la voûte de tes étoiles au sommeil de la ville

adorable... O nuit... O nuit... Si tu regardes par tous les astres
l'œuvre créatrice de l'homme, je sens, nuit cruelle et trop absolument
pure, je sens que je ne pourrais plus distinguer la ville de toi, la
cité de l'Univers, que je ne pourrai plus distinguer de l'Univers la
ville ni mon reflet... O nuit dure dont la beauté croît trop rapide...
Et vous, mes amies, mes âmes, mes idées, pourquoi votre beauté
triple grandit-elle ainsi de manière effroyable... Je ne puis soutenir la
vue de votre mystère.

Toutes trois se penchent sur lui qui vient de s'affaisser.

BELLA.

Tu as la fièvre, Narcisse... Nous n'avons pas mis nos masques de beauté corporelle.

MAGGY.

Tu te trompes, Narcisse. Nous sommes de simples femmes dévêtues de splendeurs physiques...

GEORGIE, *ricaneuse*.

Ne tremble donc pas, Narcisse. Nous n'avons que des formes vagues et sans éclat, dans la pénombre...

NARCISSE.

Si ce n'est pas vous qui croissez en magnificence, mes amies, mes âmes, mes idées, c'est la ville qui s'augmente de mille feux insolites.

BELLA, *du ton de voix le plus simple*.

On allume le soir les phares électriques dans les carrefours.

MAGGY.

On illumine, avec des éclairs stables, les frontons des édifices.

GEORGIE.

Et les habitants revêtent leurs tuniques phosphorescentes, comme de coutume.

NARCISSE, *tremblant*.

Dans le port, il y a trop de fanaux sur la flotte de guerre... de fanaux rouges, de fanaux verts, de fanaux jaunes. Cela papillotte ; et fait cligner les yeux.

BELLA, *compatissante*.

Ta vue s'est donc affaiblie, Narcisse ?

NARCISSE.

Bella ! Laisse-moi penser aux naufrages quand hurle moins fort que la tempête la voix engloutie du matelot.— A présent, je puis supporter la lumière du port... Quelles vagues de naphte enflammé courent sur les deux lacs. Cela brûle les paupières, comme un incendie proche.

MAGGY, *maternelle*.

Ta vue s'est donc affaiblie, Narcisse.

NARCISSE.

Maggy, laisse-moi penser aux yeux crevés, aux yeux couverts de taies que les mendiants montrent pour émouvoir l'égoïsme peureux du passant... Voilà. Je tolère à présent les reflets de mes yeux, là-bas sur les lacs. Mais pourquoi ces foudres sphériques aux faîtes des édifices universitaires... Cela fatigue.

GEORGIE, *narquoise*.

Ton savoir s'est donc affaibli, Narcisse (*elle éclate de rire*).

NARCISSE, *la repoussant, délire*.

Georgie, laisse-moi penser aux erreurs des maîtres et à la paresse des disciples... Cela jette une ombre propice et qui me permet d'entrevoir... Non, Reine du Fer, mon regard ne supporterait pas davantage l'éclat des astres artificiels suspendus dans le faubourg des fabriques fumeuses, si je ne songeais à l'ivrognerie et à la débauche ordinaires des travailleurs, à leur lâche esclavage... Reine de l'Or, si je ne songeais à la prostitution de l'amour et au trafic des consciences, comment pourrais-je admirer les soleils qui signalent, dans des lanternes précieuses, les parvis de tes banques?... Reine de l'Espace, permets que je songe aux troupeaux de soldats que les trains charrient vers les frontières sanglantes et les abattoirs des champs de bataille, si tu veux que je supporte l'éclat des foudres qui portent les express, de la montagne à la mer... Il me faut des ombres ! Il me faut des ombres pour que je puisse entrevoir, sans être aveuglé, l'éclat de la ville... Je n'admirerai pas les illuminations de la cathédrale, sans imaginer les bûchers des martyrs et les fureurs des hérésies. Il me faut des ombres... Il me faut des verres noirs... Sinon, mon reflet m'aveugle dans le miroir. Sottises et crimes... ! Haines et vices ! Fanatismes et Ignorances !... Je vous jetterai, comme un linceul sur la clarté de ma splendeur afin que j'en voile la lumière dont je peux mourir... Car mon reflet m'aveugle... Œuvre de mon intelligence, de ma science et de ma beauté. Œuvre de mes trois amantes, je ne te puis plus concevoir... Ville, — ville, tes lumières éclatent de toutes parts. Elles s'exorbitent... Elles s'irradient. Et chaque rayon, telle une flèche meurtrière, transperce ma gorge étrécie par l'angoisse, ma vie haletante. Et chaque rayon brûle mon regard... Oh ! Pourrai-je, sans périr, endurer l'éclat de mon reflet ! Beauté de mon être, tu es pour moi trop belle ! *Il te faut sans doute, un amant plus digne de toi, un amant que n'éblouissent pas tes feux.*

BELLA, *méprisante.*

En vérité, Narcisse, que tu es faible devant le spectacle de ta force ?

MAGGY, *de même.*

Tu t'effares devant la fin que tu te proposas...

GEORGIE.

As-tu peur de te paraître un Dieu....

NARCISSE.

Oui... J'ai peur... J'ai peur d'être Dieu. Si la clarté de la ville grandit encore, je sens que mon reflet, dans le miroir, sera celui de Dieu... Et qu'alors...

BELLA, *curieuse.*

Et qu'alors ?...

MAGGY.

Et qu'alors, Narcisse ?

GEORGIE.

Et qu'alors, Homme ?
(*Elles lui donnent ensemble un triple baiser*).

NARCISSE.

Et qu'alors Narcisse et le Miroir, mon visage et mon reflet étant confondus dans l'unité de la lumière, je ne puisse plus, ébloui par mon éclat, me contempler... Et qu'alors je...

BELLA.

Tu ?

MAGGY.

Seras l'être sans contraste...?

GEORGIE.

Le pur absolu.

BELLA.

Le Dieu qui ne peut se dédoubler pour se concevoir.

MAGGY.

Pour s'affirmer ou se nier.

GEORGIE.

Et qui, par conséquent, pour lui-même, ne serait pas !

(*A ces mots, Narcisse tombe évanoui devant la clarté formidable de la ville : — Alors, toutes les trois, se penchant vers lui, ricanent légèrement.*)

BELLA.

Narcisse !

MAGGY.

Narcisse !

GEORGIE.

Narcisse !

BELLA.

Homme, tu n'étais donc pas assez fort...

MAGGY.

... Pour regarder dans ton miroir, homme !

GEORGIE.

... L'éclat réel de la beauté... Dieu !

(*Elles se sauvent prestes et rieuses. — Leur joie bruyante résonne d'échos en échos.*)

Rideau.

Composition de la Salle

DU

Théatre National de l'Opéra-Comique

en la Matinée du 9 Décembre 1901 (1)

Avant-scènes du Rez-de-chaussée.

B. M. Dislère (Paul). | **A.** M. Carré (Albert).

Baignoires.

1 .
3. Melle Boyer (Rachel).
5. M. Jonnart.
7. M. le Préfet de la Seine.
9. M. Rostand (Edmond).
11. M. Bianchi.
13. M. Gailhard (Pierre).
15. M. Adam (Achille).
17. M. Thorez (Emile).
19. M. Meyer (Arthur).

2. M. Gallian. 5. M. A. Théry. 3. M.
A. Hullen. 2.
4. M. Duran (Carolus).
6. M. Bigo-Danel.
8. M. le Préfet de police.
10. M. Lozé (Edmond).
12. M. Bignon.
14. M. de Guerne (Jules).
16. M. Desbourrez (Louis).
18. M. Lesueur de Moriamé (Bénoni).
20. M. Francq (Léon).

Avant-scènes de Balcon.

D. M. le Président de la République. | **C.** MM. de Rothschild (Frères).

---

(1) Cette liste a été arrêtée le 25 Novembre.

Loges de Balcon.

21. M. Halais (Charles).
23. M. Martel (Félix).
25. M. Cornaille.
27. M. Trystram (Jean).
29. M. le Président du Conseil Muni-
    cipal.
31. M. Gauwain.
33. M. Heugel (Henri).
35. M. le Président de la Chambre des
    Députés.
37. M. le Ministre de l'Instruction
    Publique et des Beaux-Arts.
39. M. Guillain.
41. M. Boucher-Cadart.

22. M. Ovigneur (Édouard).
24. M. Farinaux.
26. M. de Swarte (Victor).
28. MM. Meunier (le Colonel) et
    Vourlond (Gustave).
30. M. Marinoni.
32. M. Sartiaux (Albert).
34. M. Midy.
36. M. Demagny (Émile).
38. M. le Président du Conseil des
    Ministres.
40. M. Claretie (Jules).
42. M. Bouchez (Camille).

Avant-Scènes de 2ᵉ étage.

F. M. Ronceray. 4. M. Deplanque. 2. | E. M. de Choudens (Paul).

Loges de face du 2ᵉ étage.

53. M. Boca (Paul).
55. M. Des Chapelles (Eugène).
57. M. Gramain (Henri).
59. M. Courtin (Paul).
61. M. Jacob (Ad.).
63. M. Lefebure.
65. M. Wallet. 2. M Cambray. 2.
    M. Délépierre. 2. M. Morel.
67. M. Pontard (Émile). 6. Mᵐᵉ
    Houssé. 2.

54. M. Minne.
56. M. Darras (Alcide).
58. M. Morcrette-Ledieu.
60. M. Bobin (Prosper).
62. M. Laurent. 3. M. Simon (A.). 3.
    M. Guérare. 2.
64. M. Dehouve. 4. Aigre (le Docteur).
    2. M. Rollet (Henri).
66. M. Mousseron (Jules).

Loges de côté du 2ᵉ étage.

43. M. Gras (Léon).
45. M. Martinage (Henri).
47. M. Paris (Alfred).
49.
51. M. Basly. 3. M. Vallée. 3.

44.
46. M. Vanden Vaero.
48. M. Petitbois (Edouard).
50. M. Delerue (Henri).
52. M. Cornille.

Fauteuils de Balcon, 1ᵉʳ rang.

1. M. Blémont (Émile).
3.   id.
5.   id.
05. M. Dédiéval.
07. Mˡˡᵉ Ducasse (Alice).

2. M. Camondo.
4.   id.
6. M. Durréault.
06.   id.
08. M. Baer.

7. M. Blémont (Émile).
9.   id.
11.   id.
13.   id.
15.   id.
17. M. Hudelist.
19.   id.
21.   id.
23.   id.
25. M. Dupont (Alfred).
27.   id.
29. Mme Guilbert (Yvette).
31.   id.
33. M. Lozé (Henri).
35.   id.
37. M. Hervieu (Paul).
39.   id.
41. M. Taillandier.
43.   id.
45. M. Coquelin.
47.   id.
49. M. Lavedan (Henri).
51.   id.
051. M. Wiart (Ernest).

8. M. Hébrard (Adrien).
10.   id.
12. M. Loir (Maurice).
14.   id.
16. M. Bisson (Alexandre).
18.   id.
20. M. Gers (Paul).
22.   id.
24. M. Sardou (Victorien).
26. M. Sardou (Victorien).
28. M. Aubeau (le Docteur).
30.   id.
32. M. Normand (Jacques).
34.   id.
36. M. Dettelbach (Charles).
38.   id.
40. M. Ohnet (Georges).
42.   id.
44. M. Trousselle (Roger).
46.   id.
48. M. Paris (Félix).
50.   id.
52. M. Dubout (Alfred).
052. M. Wiart (Ernest).

Fauteuils de Balcon, 2ᵉ rang.

53. M. Sirot.
55.   id.
055. M. Deromby.
057. M. Prudhommeaux (Ch.).
57. M. Serrand (le Docteur).
59.   id.
61. M. George (de Bohain).
63.   id.
65. M. Lechat (Albert).
67.   id.
69. M. Cottignies.
71.   id.
73. M. Dequéker.
75.   id.
77.   id.
79.   id.
81. M. Dubois (Théodore).
83. M. Ribot.
85.   id.
87. M. Renault (le Docteur).
89.   id.
91. M. Decourcelle (Pierre).
93.   id.
95. M. Pitet (Charles).
97.   id.

54. M. Piermé.
56.   id.
056.
058. M. Jugla (le Docteur).
58. M. le Comte de Nazelle.
60.   id.
62. M. Duhem (Arthur).
64.   id.
66. M. Rouzé-Désoblain (E.).
68.   id.
70. M. Lesage (Édouard).
72.   id.
74. M. Wantiez.
76.   id.
78.   id.
80. M. Grosz.
82.   id.
84. M. Kugelmann.
86.   id.
88. M. Godement.
90.   id.
92. M. Ginisty (Paul).
94.   id.
96. M. Mairesse (Étienne).
98.   id.

99. M. Prevet (Charles).
101.   id.
103. M. Xanrof (Léon).
105.   id.
0105. M. Delacroix (Henri-E.).

100. M. Lecomte (Maxime).
102.   id.
104.   id.
106. M. Dubout (Alfred).
0106. M. Delacroix (Henri-E.).

3ᵉ RANG.

3ᵉ RANG.

107. M. Buret (le Docteur).
109.   id.
111. M. Coutelier (père).
113.   id.
115.   id.
117. M. Vermersch (Louis).
119.   id.
121. M. Rose.
123. M. Théry (Edmond).
125.   id.
127. M. Dorigny.
129.   id.
131. M. Bouvier (Félix).
133.   id.
135. M. Couvreur (André).
137.   id.
139. M. de St-Aroman (Raoul).
141.   id.
143. M. Hiolle (Auguste).
145.   id.
147. M. Debruille.
149.   id.
151. Mme Molé-Truffier.
153. M. Delard (Eugène).
155.   id.
157. M. le Baron de Bourgoing.
159.   id.
0159. M. Droubaix (Docteur).
00159. M. Glinel.

108. M. Schmoll (Henri).
110.   id.
112. M. Payen (Fernand).
114.   id.
116. M. Lenglet.
118.   id.
120. T. Griffith (Thomas).
122.   id.
124. M. Wantiez.
126. M. Rabaté.
128.   id.
130. M. Dupont (Ernest).
132.   id.
134.   id.
136.   id.
138. M. Depasse (le Docteur).
140.   id.
142. M. Wauty (Octave).
144.   id.
146. M. Husson.
148.   id.
150. M. Theunissen (Corneille).
152.   id.
154. M. Bersez (Paul).
156.   id.
158.   id.
160.   id.
0160. M. Pigault de Beaupré.
00160.

Avant-Scènes du 3ᵉ étage.

H. M. Déchy (Albert), 2. | **G.**

Loges du 3ᵉ étage.

69.
71.
73. M. Dottin.
75.
77.

68.
70. M. Alexandre (Georges). 2.
72. M. Alexandre (Georges).
74.
76.

Fauteuils d'Orchestre.

Ier RANG.

01. M. Deromby.
1.   id.
3.   id.
5.   id.
7.   id.
9.   id.
11.   id.
13. M. Clément (le Général).
15.   id.

2e RANG.

023. M. Gernez (Léon).
23. M. Bédorez (Léon).
25.   id.
27.   id.
29.   id.
31.   id.
33. M. Comerre (Léon).
35.   id.
37.   id.
39.   id.
41. M. Cain (Henri).
43. M. Calabrési.
043. M. Rzewuski.

3e RANG.

045. M. Surugue.
45. M. Paté (Lucien).
47. M. Fourcaud.
49.   id.
51. M. de Vohet (Jules).
53.   id.
55. M. Schneider.
57.   id.
59. M. Meyer (Lionel).
61. M. Micheau (Henri).
63.   id.
65. M. Craffe.
065. M. Vély (Adrien).

4e RANG.

067.
67. M. Robert (le Général).
69.   id.
71. M. Moine (Anguste).
73. M. Berger (Georges).
75. M. Heyman (Achille).

Ier RANG.

02. M. Boulanger (le Capitaine).
2. M. Chenu.
4. M. Fay.
6. M. Biguet.
8. M. Boulanger (le Capitaine).
10. M. Adérer (Adolphe).
12.   id.
14. M. Schmoll (Emile).
16.   id.

2e RANG.

024. M. Stoclet.
24. M. Widor (Ch.-M.).
26. M. Dupont (Paul).
28. Malo (Henri).
30.   id.
32.   id.
34.   id.
36. M. Gauquié (Henri).
38.   id.
40.   id.
42.   id.
44. M. Marquette.
044. M. Fauchille (Paul).

3e RANG.

046.
46. M. Meunier (le Colonel).
48.   id.
50. M. Lefèvre (Fernand).
52. M. Brunetière (Ferdinand).
54.   id.
56. M. Monprofit.
58.   id.
60.   id.
62. M. Brandès (Frédéric).
64.   id.
66.   id.
066.   id.

4e RANG.

068. M. de Monnecove (Félix).
68. M. Sézary.
70.   id.
72. Franconi (Charles).
74. M. Percheron (le Docteur).
76.   id.

77. M. Franck (Alphonse).
79.   id.
81. M. Nahmias.
83.   id.
85. M. Bernheim (Adrien).
87.   id.
087. M. Barbier (Victor).

78. M. Percheron (Docteur).
80. M. Lévy (Armand).
82. M. Stoullig (Edmond).
84.   id.
86. M. Mossé (Georges).
88.   id.
088.   id.

5ᵉ RANG.

089. M. Bandelac.
89. M. Lefranc (Gaston).
91.   id.
93. Roger (Gustave).
95.   id.
97. M. Pellerin
99.   id.
101. M. Muhlfeld (Lucien).
103.   id.
105. M. Lefranc (Fernand).
107.   id.
109. M. Fromont.
0109.   id.

6ᵉ RANG.

090. M. Dorchain (A.).
90. M. Hista.
92.   id.
94.   id.
96. M. Hamy (le Docteur).
98.   id.
100.   id.
102.   Id.
104. M. Depasse (le Docteur).
106.   id.
108.   id.
110.   id.
0110. M. Rameau (Jean).

6ᵉ RANG.

0111. M. Seuron.
111. M. de Porto-Riche (Georges).
113.   id.
115. M. Lesenne (Camille).
117.   id.
119. M. Teste (Louis).
121.   id.
123. M. Kerst (Léon).
125.   id.
127. M. Larroumet.
129. M. Mitchell (Robert).
131. M. Maugras (Gaston).
0131.

5ᵉ RANG.

0112. M. Bernier (Henri).
112. M. Gandrey.
114.   id.
116. M. D'osthoove (Van Zeller).
118. M. de Ménil (Félicien).
120.   id.
122. M. Porel.
124.   id.
126. M. Meyer (Lucien).
128. Mᵐᵉ Dehée (Albert).
130.   id.
132. M. Sens (Georges).
0132.   id.

7ᵉ RANG.

0133. M. Faucheux (Auguste).
133. M. Motsch.
135.   id.
137.   id.
139. M. Banès.
141.   id.
143. M. Fursy.
145.   id.
147. M. Dorchain (Auguste).
149.   id.
151. M. Guillaume (Henri).
153.   id.
0153. M. Deromby.

7ᵉ RANG.

0134. M. Govare (Paul).
134.   id.
136. M. de la Cornullière (le Colonel).
138. M. de St-Quentin (A.).
140. M. de Wailly (Paul).
142.   id.
144. M. Huguet (le Commandant).
146. M. Demory (Charles).
148.   id.
150. M. Petitjean.
152.   id.
154. M. Bonnaud.
0154. M. de Bonnevalette (Jules).

8ᵉ RANG.

0155. M. Deromby.
155. M. Quinzard.
157. id.
159. M. Lamy (Charles).
161. M. Chapel (le Colonel).
163. M. Vitu (Maxime).
165. M. Boniface (Maxime).
167. id.
169. M. Gheusi (P.-B.).
171. M. Berthélémy.
173. M. Berthoulat.
175. id.
0175. M. Bernard (Henri).

9ᵉ RANG.

177. M. Anache (Émile).
179. id.
181. M. le Baron de Claye.
183. M. Chevalier (le Commandant).
185. id.
187. M. Bernheim (jeune).
189. id.
191. M. Louis-Noel.
193. id.
195. M. Vanloo (Albert).
197. M. de Scellier (Paul).
0197. id.

10ᵉ RANG.

199. M. Olivier (le Docteur).
201. Id.
203.
205.
207. M. Delepierre (Georges).
209. id.
211. M. Divoir (Victor).
213. M. le Recteur de l'Académie de Lille.
215. M. Jacquemard (C.-V.).
217. id.
0217. id.

11ᵉ RANG.

219. M. Draux (le Capitaine).
221.
223.
225. M. Lemaitre (Henri).
227. M. Chevalier (Ad.).
229. id.

8ᵉ RANG.

0156. M. Lorédan (Jean).
156. M. Gibert.
158. id.
160. M. Gautier.
162. id.
164. M. De Villeneuve.
166. id.
168. M. Béchet.
170. id.
172. M. Sage (le Général).
174. id.
176. M. Pfeiffer (Georges).
0176. id.

9ᵉ RANG.

178. M. Gaillard (Joseph).
180. id.
182. M. Bébin.
184. id.
186. id.
188. id.
190. M. Vendenbrouque (Émile).
192. id.
194. M. Voraloud (Gustave).
196. id.
198. M. Hedde (Ivan).
0198. id.

10ᵉ RANG.

200. M. Salomé.
202. M. Herbet.
204. M. Delva.
206. M. Delattre (Charles).
208. M. Meurant.
210. id.
212. M. Desrumeaux (Henri).
214. id.
216. M. Avonde (Théodore).
218. id.
0218.

11ᵉ RANG.

220. M. Parenty.
222. M. Blieck (Oscar).
224. M. Bloquel (Henri).
226.
228. M. Ménard (Gustave).
230. id.

231. M. Bouillier (Robert).
233. M. Cardon.
235. M. Bouchez (Henri).
0235. M. Lamotte.

232. M. Doby (Auguste).
234.   id.
236. M. Demarquez.
0236.   id.

12e RANG.

237. M. Dubar (le Docteur).
239.
241. M. Cramette (le Capitaine).
243. M. Delanchy.
245.   id.
247. M. Deleporte.
249.   id.
0249.

12e RANG.

238.
240. M. Aubert (J.-J.).
242.   id.
244. M. Vandenbosch (J.).
246.   id.
248. Soubies (Albert).
250.   id.
0250. M. De Florimont (Maurice).

Stalles de Parterre.

251. M. Deromby.
253.   id.
255.   id.
257.
259.
0259. M. Deromby.
00259. M. Cailliau (Pierre).
00257.   id.

252. M. Lormier.
254. M. Dutillieux (G.).
256. M. Wattebled (Anatole).
258. M. Rifflard (Valentin).
260. M. Laut (Ernest).
0260.
00260. M. Ladureau.
00258.   id.

Fauteuils du 3e étage.

1er RANG.

1. M. Deromby
3.   id.
5.   id.
7.   id.
9.   id.
11.   id.
13.   id.
15.   id.
17. M. Roche (Albert).
19.   id.
21.   id.
23.   id.
25. M. Bove.
27.   id.
29. M. Courthéoux (Paul).
31.   id.
33. Renaux (Gustave).
35.   id.

1er RANG

2. M. Bobin.
4.   id.
6.   id.
8.   id.
10. M. Cornille.
12.   id.
14. M. Anache (Emile).
16.   id.
18. M. Deromby.
20.   id.
22. M. Charpentier (Gustave).
24. M. Gauquié.
26.   id.
28. M. Deromby.
30.   id.
32. M. Engrand (Georges).
34.   id.
36. M. Noel (Ed.).

2ᵉ RANG.

37. M. George (J.).		38. M. Testu (Félix).
39. id.		40. M. Charpentier (Gustave).
41. M. Beaumont (Auguste).		42. M. Lengaigne.
43. id.		44. id.
45. M. Wiart (Eugène).		46. M. Desrumeaux (Emile).
47. id.		48. id.
49. id.		50. id.
51. id.		52. M. Leroy (Stéphane).
53. M. Fournier (Ed.).		54. M. Noel (Édouard).
55. id.		56. id.
57. id.		58. M. Deromby.
59. Melle Dauphin (Lucienne).		60. id.
61. M. Leteneur (Émile).		62. Melle Dauphin (Lucienne).
63. id.		64. M. Charpentier (Gustave).
65. M. Delobel (Alfred).		66. id.
67. id.		68. M. Deromby.
69. M. Desmoulin (Auguste).		70. id.
71. id.		72. M. Charpentier (Gustave).
73. id.		74. id.
75. M. Charpentier (Gustave).		76. id.
77. id.		78. id.

3ᵉ RANG.

79. M. Deturck.		80.
81. id.		82.
83. id.		84.
85.		86.
87.		88.
89.		90.
91.		92.
93.		94.
95.		96.
97.		98.
99.		100.
101.		102.
103.		104.
105. M. Crétet.		106.
107. id.		108.
109. M. Hauducœur.		110.
111. id.		112.
113. id.		114.
115. M. Noël (Ed).		116.
117. id.		118.
119. M. George.		120.
121. id.		122.

Stalles du 3e étage.

4e RANG.		4e RANG.	
123. M. Deromby.		124. M. Deromby.	
125.	id.	126.	id.
127.	id.	128.	id.
129.	id.	130.	id.
131.	id.	132.	id.
133.	id.	134.	id.
135.	id.	136.	id.
137.	id.	138.	id.
139.	id.	140.	id.
141.	id.	142.	id.
143.	id.	144.	id.
145.	id.	146.	id.
147. M. Dineur.		148.	id.

5e RANG.		5e RANG.	
149. M. Theunissen (Paul).		150. M. Deromby.	
151.	id.	152.	
153.	id.	154.	
155.	id.	156.	
157.	id.	158.	
159.	id.	160.	
161.	id.	162.	
163.	id.	164.	
165.	id.	166.	
167.	id.	168.	
169.	id.	170.	

6e RANG.	6e RANG.
171.	172.
173.	174.
175.	176.
177.	178.
179.	180.
181.	182.
183.	184.
185.	186.
187.	188.
189.	190.
191.	

7e RANG.	7e RANG.
193.	192.
195.	194.
197.	196.
199.	198.
201.	200.

203.		202.
205.		204.
207.		206.
209.		208.
211.		210.
213.		212.
215.		214.

Amphithéâtre du 4ᵉ étage.

LIVRE D'OR ARTISTIQUE [*]

des départements du Nord et du Pas-de-Calais

LITTÉRATEURS

(Poëtes, historiens, philosophes, jurisconsultes, patoisants).

Sans date. — Maclou de la Haye. — Simon Ogier. — Silius Passage. — Jean Hendricq. — Prévost d'Exiles. — Debette d'Etienville.

XIIe siècle. — Baudri († 1113). — Gautier. — Conon ou Quesne de Béthune. — Baudouin IX. — Henri de Hainaut. — Michel de Harnes. — Hugues d'Oisi. — Jean de Nesles. — Priens et Gérardin de Boulogne. — Hues de la Ferté. — Silvestre.

XIIIe siècle. — Adam de la Halle. — Jean Bodel. — Jacquemars Gielée. — Moniot d'Arras. — Raoul de Cambrai. — Gibert. — Adam de La Bassée. — Simon de Boulogne. — Gauthier Silens. — Lambert d'Ardres. — Robert de Béthune. — Jean de Boves. — Gilbert de Montreuil. — Robert de la Pierre. — Le Trésorier d'Aire. — Jean Bretel. — Adam de Givenchy. — Gaidifer. — Jean le Cuvelier. — Jean de Griéviles. — Robert du Chervel. — Perrin d'Auchicourt. — Hues, châtelain d'Arras. — Jean de Renti. — Gilbert de Berneville.

XIVe siècle. — Jehan Froissart (1327-1410). — Buridan. — Jean d'Arras. — Courtois. — Mansel.

XVe siècle. — Martin Lefranc (1400-1460). — Jehan Molinet. — (1435-1507). — Philippe de Commines (1445-

---

[*] Ce tableau n'a pas la prétention d'être complet, la rapidité de la publication n'a pas permis d'indiquer des dates même récentes qu'il serait facile de compléter avec quelques recherches.

1509). — Evrard. — George Chastelain. — Robert Gaguin (1425-1502). — Jehan de Montreuil.— Nicaise Ladan (1465-?) Monstrelet (1390-1453).

XVIe siècle. — Jehan Le Maire (1473-1548). — Charles de Lécluse (1526-1609). — François Bauduin (1520-1573). — Lepetit (1546-?). — Ferri de Locre (1571-1616). — Malbrancq (1578-?). — De Beaulaincourt. — Crespin. — Meyer. — Bauldrain. — Dacquin. — Gosson. — Lambin.

XVIIe siècle. — Simon Leboucq (1591-1657). — Ledé. — Guillaume Gazet.

XVIIIe siècle. — Hennebert. — François Cotigny, dit Brûle-Maison (1678-1740). — Mme d'Epinay (1725-1783). — L'abbé Prévost (1697-1763). — Delaplace (1707-1793). — Bauvin (1714-1779). — Harduin (1718-1785). — Palisot de Beauvois (172?-182?). — Pigault-Lebrun (1753-1835). — L'abbé Proyart (1743-1808). — Merlin de Douai (1754-1838). — Le Gay. — Le père Ignace. — Hébert. — Lesage.

XIXe siècle. — André Le Glay (1785-1863). — Mme Desbordes-Valmore (1785-1859). — Dinaux (1785-1864). — Gosselin (1751-1830). — Brassart. — Auguste Voisin (1800-1843). — Bergaigne (1838-1888). — Eugène de Rosny.— Gustave Nadaud (1821-1893). — Alexandre Desrousseaux (1820-1892).—Monseigneur Dehaisnes (1825-1893).— L'abbé Haigneré. — Parent-Réal (1768-1834). — Caigniez (1782-1842). — Félix Lequien (1798-1862). — Jules Lecomte (1814-1864).— Leulliette.— Sainte-Beuve (1804-1899). L'abbé Van-Drival (1815-1887). — Cucheval-Clarigny (1822-?). — Mariettepacha (1821-1890). — Charles d'Héricault (1823-1900). — Frédéric Degeorge. — Cacan (1832-1895). — Daunou (1761-1840). — Dereims.—Deschamps de Pas. — Godin. — Haffringue. — D'Héricourt. — Adolphe de Cardevacque.— Ternynck. — C. Le Gentil († 1901). — Debuire-du Buc († 1909). Jules Périn († 1900).

Paul Adam. — Victor Advielle. — Jules Aubry.
— Angellier. — Acreman. — Ayraud-Degeorge.
— Paul Avis. — Jules Breton. — Maurice Boni-
face. — Emile Blémont. — Paul Blondel. —
François Blondel. — Antony Blondel. — Victor
Barbier. — De Baecker. — Babenne. — Jules
Bénard. — Borelli de Serres. — Edmond Blan-
guernon. — Léon Bocquet. — De Calonne. —
Alphonse Capon. — R. M. Clerfeyt. — Claude
Couturier. — H. Caudevelle. — Hippolyte Castille.
E.J.Caudevelle.— Champion.— André Couvreur.
— Duméril.— Alcide Darras. — Alfred Dubout.—
Madame V. Demont-Breton. — Paul Duthoit. —
Jacques Duchange. — Paul Demeny. — Georges
Docquois. — H. Duhem. — Dubron. — Alfred
Dodanthun.— Auguste Dorchain. — Dechristé.—
Darimon. — Désiré Druesne. — Debièvre. —
Raoul Dumon. — Léon Delmotte. — Hector
Depasse. — Degouy. — F. Degroote. — Maurice
Dangréaux.— Floris Delattre.— Charles Droulers.
— Georges Dislère.— Edmond Edmont.— Camille
Enlart. — E. Flament. — Edouard Fournier. —
Henri Fournier. — Georges Fidit. — Charles
Frans. — Jacques Freneuse. — Fransois. — A.
Guerre. — André Ghil. — A. M. Gossez. — Ed.
Goor. — Jean Goudezki. — Guesnon. — Vicomte
de Guerne. — Docteur Hamy. — Hollain. —
Hornez. — Ed. d'Hooghe. — Houbron. — Hol-
lande.— Jules Huret.— Albert Jeannin.— Edouard
Le Glay.— E.Lalisse.— Ch. de Lauwe.— Elyns.—
Em. Langlade.— Séb. Ch. Leconte.— Ch. Liagre.
— R. Le Cholleux. — Charles Lamy. — Adolphe
Lacuzon. — Albert Lantoine. — V. Lemoigne. —
Pierre de Lano. — Emile Lante. — Raymond
Lesage. — Em. Lesueur de Moriamé. — Ernest
Laut. — Fernand Lefranc. — Georges de Lhomel.
M.-J. Le Coq. — Loredan. — Maxime Lecomte.
— Léon Leclercq.— Georges Mazinghien (Mazim).
— Mousseron. — Harmand de Melin. — Abbé
Montenuis. — Moreau. — Gustave Monier. —
Massy. — Félix de Monnecove. — Félix Martel.
— Abbé Merlent. — E. Mairesse. — J. Mouquet.

— Charles Manso. — Henri Malo. — Mention.—
Em. Maton. — Edouard Noël.— Henri Potez. —
Edmont Pilat. — Octave Pradels. — Eugène
Plouchart. — Pierson. — Mme Poncelet-Dronsard.
— Péroche. — Georges Philippe.— Pontsevrez.—
Fernand Payen. — Quarré-Reybourbon. — Julien
Renard. — Richebez. — Jehan Rictus. — F.
Rousselle. — Léon de Rosny. — Gaston de la
Source. — Jules Sougniez. — Achille Segard. —
Victor de Swarte. — Ternisien. — G. Théry. —
O. Thieffry. — Jeanne Thieffry. — Tiercy. —
Jean Thorel. — Léonce Vilvart. — Hippolyte
Verly. — Georges Vallée. — Henri Wallon. —
Victor Wallet. — Watteeuw.

AUTEURS DRAMATIQUES

Cuvelier de Trye. — Edouard Plouvier (1820-1876). — Ernest
Serret (1821-?). — Alfred Dubout. — Georges Docquois. — Maurice
Boniface. —Jean Thorel. — Edouard Noël. — Auguste Dorchain. —
Henri Malo. — Jules Bénard.

COMPOSITEURS DE MUSIQUE

Josquin-Desprez (xve). — Pierre Monsigny (1729-1817). — Hervé
(1825-1895). — Membrée. — Semet. — Lalo (1832-?). — Hecquet. —
Sergeant. — Alexandre Guilmant. — Léon Vasseur. — Charles Malo.
— Alexandre Georges. — Decq. — De Wailly. — De Mesnil. —
Meurant. — Divoir. — Demarquette. — Paul Dupin. — Estyle. —
Marcel Legay. — Mardyck. — Liévin Danel. — Ribiollet. — Delsart
(1844-1900). — Flament. — Grovlez.

ARTISTES DRAMATIQUES ET LYRIQUES

Mlle Clairon (1723-1803). — Mlle Duchesnois (1777-1835). —
Delannoy (1817-?). — Les trois Coquelin. — Henri Villefranck. —
Mme Bilbaut-Vauchelet. — Mme Landouzy. — Mme Yvette Guilbert. —
Mme Reichemberg. — Charles Lepers. — Sadi-Pety. — Riddez. —
Antoine (?). — Blondin. — Suzanne Lagier. — Georges Baillet. —
Raphaël Duflos. — Rosalie Levasseur (xviiie). — Mlle Dupont. —
Mme Dorus-Gras. — Aimée Desclée.

ARTISTES MUSICIENS

Jean Bonmarché (xvɪᵉ). — Claudin Lejeune (xvɪᵉ). — Miroir (xvɪɪɪᵉ). — Nonot (xvɪɪɪᵉ). — Ali ben Soualle. — Bertram. — Aigre. — Hennebains. — Kerrion. — Leteneur. — Mˡˡᵉ Houssin. — Mˡˡᵉ Richet. — Destombes. — Soudant. — Debruille père et fils. — Bertaut (xvɪ.ɪᵉ). — Janson (xvɪɪ.ᵉ). — Barrière (xvɪɪɪᵉ). — Mᵐᵉ Rouvier-Pommereul. — François.

ARTISTES PEINTRES

André Beauneveu (xɪvᵉ). — Arnould de Vuez. — Colinet le Voleur (xvᵉ). — Amandi (xvᵉ). — Jean Clerebault (xvᵉ). — La famille des Marmion. — Simon Marmion (xvᵉ). — Bellegambe (xvɪᵉ). — Hubert Cailleau (xvɪᵉ). — Mabuse (xvɪᵉ). — Baptiste Monnoyer (1635-1699). — Jean de Reyn (1610-1678). — Jean-Baptiste Van Moor (xvɪɪᵉ). — Jacques-Albert Gérin (xvɪɪᵉ). — Descamps (1714-1791). — Jean-Baptiste Pater (1696-1730). — Antoine Watteau (1684-1721). — Louis Watteau (xvɪɪɪᵉ). — François Watteau (xvɪɪɪᵉ). — Olivier Lemay (xvɪɪɪᵉ). — Adrien Colliez (xvɪɪɪᵉ). — Boilly (1761-1845). — Antoine Brasseur (1805-1886). — César Ducornet (1805-1856). — Abel de Pujol (1785-1861). — Wicar (1762-1834). — Gaston Thys (1863-1893). — Hédouin (1819-?). — Chifflart (1825-1900). — Alphonse de Neuville (1836-1885). — Jean Cazin (1841-1900). — Dutillieux (1807-1865). — Flamens (xvɪɪᵉ). — Doncre. — Jeanron (1809-?). — Toursel. — Fenain. Brochart (1816-1899). — Dourlent. — Desavary. — Demory père. — Charles Demory. — Deneux. — Félix Auvray. — Le Liepvre. — Victor Mottez (1809-1897). — Daverdoing.

Vivants : Agache. — Amas. — Jules Breton. — Emile Breton. — Pierre Billet. — Louis Braquaval. — De Boislecomte. — André Batbiet. — Florent Buret. — Henry Bonnefoy. — Berne-Bellecour. — Bontigny. — Baet. — Bellynck. — Bertiaux. — Baligant. — Carolus Duran. — Remy Cogghe. — Caille. — Eugène Chigot. — Alphonse Chigot. — Carlos Lefebvre. — Léon Comerre. — Gustave Colin. — Choquet. — Louis Crépy. — Adrien Demont. — Mᵐᵉ Virginie Demont-Breton. — Eugène Deully. — Henri-Eugène Delacroix. — Henri Duhem. — Mᵐᵉ Duhem. — Mᵐᵉ Dubron. — Devaux. — Denneulin. — Dudicourt. — Dujardin. — Mˡˡᵉ Jenny Fontaine. — Foubert. — Gustave Grau. — Henri Harpignies. — Hista. — Hodebert. — Hanicotte. — Alexandre Houzé. — Hémery. — Jacquet. — Jonas. — Krabansky. — Leclercq. — Charles Leroy-Saint-Aubert. — Moulin. — Maurice Mairesse. — Maroniez. — Merlin. — Jacques

Moleux. — Gustave Mascart. — Nonclercq. — Mlle Valentine Pèpe. — Pattein. — Félix Planquette. — Pluchart. — Mlle Quéroy. — Richet. — Charles Roussel. — Ramart. — Eudes de Retz. — Edouard Sain. — Henri Sirot. — Scalliert. — Spriet. — Stiévenart. — Mme Stiévenart de Reul. — Van Driesten. — J.-J. Weerts. — Pharaon de Winter. — Wallet. — Wathot. — Willame.

SCULPTEURS

Jean de Valenciennes (xive). — Pierre Dupréau (xve). — Nicolas d'Arras (xvie). — Claude Létocart (xvie). — Jean de Bologne (1524-1608). — Gaspard Marsy (1625-1681). — Balthasar Marsy (1628-1674). — François Duquesnoy (xviie). — Les Caffieri (xviiie). — Le Page (xviiie). — Pierre Scleif (xviie). — Antoine Pater (xviiie). — François-Joseph Duret (xviiie). — Jacques Saly (xviiie). — Pierre Dumont (xviiie). — Théophile Bra (1797-1863). — Henri Lemaire (1798-1880). — François Mulhomme. — Louis Auvray. — Jean-Baptiste Carpeaux (1827-1876). — Albert Darcq (1847-1885). — Ernest Hiolle. — Printemps. — Mabille.

Vivants : Alloy. — Edgar Boutry. — Gustave Crauck. — Alphonse Cordonnier. — Cordier. — E.-J. Carlier. — Michel Cazin. — Deman. — Déplechin. — Debert. — Devaux. — Déchin. — Félix Desruelles. — Décatoire. — Georges Engrand. — Elsinger. — Mlle Marie Fresnaye. — Léon Fagel. — Frère. — Feuillatre. — Henri Gauquié. — Graf. — Gournay. — Houssin. — Max Hiollé. — Hiollin. — D'Houdain. — Hubert-Louis Noël. — Hector Lemaire. — Agathon Léonard. — Edouard Lormier. — Langrand. — Maillols. — Augustin Peène. — Pinte. — Rogerol. — Corneille Theunissen. — Paul Theunissen. — Terroir. — Villanis.

GRAVEURS ET ORFÈVRES

Masquelier (1741-1811). — Jérôme de Moyenneville (xve). — Jean Lussigny (xviiie). — Busière. — Buisset. — Damman. — Julien Deturck. — Dochy. — Demarquet-Crauk. — Houriez. — Hermant. — Lefort. — Des Ylouses. — Alexandre Leleu. — Mayeur. — Pennequin.

DESSINATEURS

Charles Eisen (xviiie). — Colette. — Alfred Robaut. — Albert Guillaume. — Dons Y'Hell.

ARCHITECTES

Noël Colard (xvᵉ). — Michel de Raismes (xvᵉ). — Nicolas Dubois, abbé de Saint-Amand. — Mathias d'Arras (xvᵉ). — Girard Sannier (1721-?). — Grigny (1815-1868). — Blondel. — Edmond Guillaume (1826-1894). — Constant Moyaux. — Arnold. — Bobin. — Batigny. — Bonnier. — Louis Cordonnier. — Henri Guillaume. — Henri Sirot. — Ferdinand Dutert.

TAPISSIERS DE HAUTE LICE

Philippe Deway (xviiᵉ). — Billet (xviiiᵉ).

HOMMES DE GUERRE

Comius (viiiᵉ). — Baudouin IX, comte de Flandre (1171-1205). — Oudart du Biez (1477-1553). — Godefroy de Bouillon. — Foulques. — Bucquoy-Longueval (xviᵉ). — Patras de Campaignes (xviᵉ). — Maréchal de Croij. — D'Acary. — Jean Bart (1650-1702). — Dupleix (1697-1764). — Louis de Carderue (1707-?). — Dehay (1763-1796). — Thurot. — Godart (1761-1836). — Bacler d'Albe (1761-1824). — Merle (1766-1830). — Desailly (1768-1830). — Garbé (1769-1831). — De Fonler (1770-1831). — Lepaige-Dorsenne (1773-1812). — Baron Cavrois (1774-1820). — De Rosamel (1774-1848). — Jean-Baptiste Corbineau (1776-1848). — Marie-Louis-Corbineau (1780-1823). — Dumouriez (1739-1823). — Merlin (1778-1854). — Mortier (1768-1839). — Vandamme (1771-1830). — Tripier (1804-1874). — Schramm (1789-?). — Faidherbe (1817-1889). — Delegorgue. — De Gouy. — De Poilloüé de Saint-Mars. — Le sergent Boulogne. — Les Corsaires. — Pollet. — Bucaille. — Broquant. — Bichot. — Mercier. — Le sergent Fémeland.

SAVANTS

Charles de Lescluse (xviᵉ). — François Balduin (xviᵉ). — Desmazures (xviiᵉ). — Nicolas Gosson (1506-1578). — Daunou (1761-1840). — Briois de Beaumetz (1759-1800). — Jacquemont (1801-1832). — Alexandre Vincent (1797-1872). — Claude Dausque. — Antoine de Balinghem. — Antoine Obert. — Martin du Cygne. — Caventon. —

Duchenne de Boulogne. — Abel Bergaigne. — Mariette Pacha. —
Delaplace. — Lequien. — Parent-Réal. — Simon de Colines. —
Baudens. — Baillon. — Dumont de Courset. — Frédéric Sauvage. —
Demarle. — Yvart. — De Bazinghen. — Dr Cazin. — Perrochaud.
— Dr Hamy.

RELIGIEUX

Saints Waast, Aubert, Benoît-Labre. — Saintes Berthe, Bertille. —
Suger (xiie). — Le Fèvre d'Etaples (xvie). — Bruno d'Affringues (xvie).
— Philippe de Caverel (xvie). — Mme Maes. — Guyard du Moulin
(xvie). — Dewailly. — Les évêques Lambert, Porion, Jean de Retz,
Lamourette, Richardot, Sarrazin, Moullart, Fava, Izoard.

DIVERS

Eustache de Saint-Pierre. — Maximilien Robespierre. — Joseph
Lebon. — Lazare Carnot. — Damiens. — Vidocq. — Crespel-Dellisse
(1780-1865). — Lebas. — Delegorgue. — Cadet-Rousselle. — Merlin
de Douai (1754-1838). — Calonne (1734-1802). — Marquis d'Aoust
(1740-1812). — Jules Barni (1818-1878). — Lambrecht (1819-1871). —
Pierre Legrand (1834-1885). — Achille Testelin (1814-1891). — Paris
(1826-1898). — Martel.

H. GAUQUIÉ sculpteur   H. GUILLAUME architecte

Inauguration à Condé-sur-Escaut

EN 1901

DU MONUMENT ÉLEVÉ A LA MÉMOIRE DE LA

CLAIRON

Après la Duchesnois à Saint-Saulve, et en attendant que Talma ait le sien à Poix-du-Nord, Mademoiselle Clairon, la délicieuse Frétillon, a eu son monument à Condé-sur-Escaut, sa ville natale. L'inauguration en a eu lieu au mois d'Août dernier, et la cérémonie s'est agrémentée d'une remarquable cantate qui a été le début en public, du jeune compositeur Estyle.

La manifestation théâtrale d'aujourd'hui nous est une occasion de rappeler cet hommage rendu à une grande artiste, et nous en profitons pour consacrer quelques lignes aux auteurs de son monument.

Le sculpteur, Henri Gauquié, est né à Flers-lez-Lille, en 1858. Élève des Académies de Valenciennes, il vint à Paris, poussé par le père Fache qui fit tant de brillants élèves, poursuivre ses études à l'École des Beaux-Arts. Dès 1886, il remportait une troisième médaille avec *Persée* (musée d'Agen) ; en 1890, il obtenait une seconde avec *Brennus* (Valenciennes) et *Bacchante et Satyre* (musée de Tourcoing) lui valut la première en 1895. Hors concours, membre du jury, il a été nommé, en Janvier dernier, Chevalier de la Légion d'Honneur.

Citons, parmi ses autres œuvres : *Marguerite d'Angoulème* (maison de la Légion d'Honneur de St-Denis) ; *Loup pris au piège* (Jardin des Plantes) ; groupes d'enfants du Pont Alexandre III ; monument de Watteau (Jardin du Luxembourg) : monument de Carnot à Lyon ; monument du fondateur de la Bénédictine ; du sénateur Déprez, à Harnes, etc., etc.

L'architecte, Henri Guillaume, né en 1868, a reçu une mention honorable en 1894 et une troisième médaille en 1897. Officier d'Académie, il a collaboré aux monuments d'Hippolyte Maze à Viroflay, de Watteau, de la Clairon, du sénateur Déprez, à la Fontaine de Bellevue, etc.

Henri Guillaume est le frère du spirituel dessinateur, avec lequel il a participé à la mise en œuvre de l'Aquarium de Paris et des Bonshommes Guillaume, à l'Exposition de 1900.

GAUQUIE (Henry). — Sculpteur, né à Flers-lez-Lille, le 16 Janvier 1858. Elève de Fache et Cuvelier. Principales œuvres: *Persée vainqueur de Méduse*, groupe plâtre (1886, 3ᵉ médaille). — *Bacchante et Satyre*, groupe plâtre et *Brennus*, statue bronze (1890, 2ᵉ médaille). — *Diane*, marbre (1891) prix Déprez décerné par l'Institut — *Le Réveil du Printemps*, marbre (1892). — *Marguerite d'Angoulème*, marbre (1893, Membre de la Légion d'Honneur de Saint-Denis),— *Bacchante et Satyre*, groupe marbre (1895, première médaille, musée de Tourcoing). — *Le Maréchal de Villars*, statue équestre (Denain). — *Monument de Watteau* (1896, jardin du Luxembourg). — *Loup pris au piège*, bas-relief, marbre pour la façade du Museum. — *Monument Carnot* à Lyon. — *Monument Clairon*, etc.

GUILLAUME (Henri), Architecte-Décorateur, né à Paris, le 29 Juillet 1868, originaire du département du Nord.

Elève de P. V. Galland et André, à l'école des Beaux-Arts. Obtient plusieurs médailles dans les concours, son titre d'architecte diplômé par le Gouvernement (décembre 1893). A pris part à plusieurs concours publics. Classé deuxième au concours du monument Teselin, à Lille, en collaboration avec J. Mabille (août 1892). A exécuté le monument Hyppolyte-Marc (Viroflay, 1894) et le *Monument Watteau*, en collaboration avec Gauquié. A collaboré avec Houssain à un *monument pour Mme Desbordes-Valmore* (Douai, 1897). A exposé aux Champs Elysées depuis 1888. Mention honorable en 1894.

Albert GUILLAUME. — Peintre-Dessinateur. — Né à Paris, le 14 février 1873, originaire du département du Nord. — Elève de Gérôme à l'Ecole des Beaux-Arts (1890-91). — Débute à la Revue illustrée, puis à la Caricature (1889): collabore ensuite au Gil Blas illustré, au Musée des Familles, au Figaro illustré, au Courrier Français, au Monde illustré, à l'Illustration, au Graphic, etc. etc. A publié plusieurs albums: *M. Strong, les Repas à travers les âges* (1890, Expos. de Blanc et Noir — méd. d'arg.); *Bonshommes* (2 séries), *P'tites femmes, Mémoires d'une glace, Mes Campagnes*, etc., et un Almanach (1896). A illustré quantité de volumes de Willy, Grosclaude, Auguste Germain, etc., et plusieurs suppléments du Gaulois et du Figaro. A dessiné de nombreuses affiches: *Extrait Armour, Vin d'Or, Gigolette, Chapeaux Delion, Cirage végétal, Boulets Bemot*, Pôle Nord, etc., etc. A exposé plusieurs fois au Champ-de-Mars les originaux de ses dessins. A peint six panneaux représentant l'historique du 130ᵉ régiment d'infanterie (1895 — caserne de Babylone). A dessiné les costumes de la Revue des Variétés, en 1892.

COQUELIN Cadet

COQUELIN Aîné (1)

Jean COQUELIN

cl. Caulin et Berger.

cl. Dupont N.-Y.

cl. Boyer.

Les Trois Coquelin

Saluons les trois Coquelin
Qui savent du grand Poquelin
Interpréter les purs chefs-d'œuvre ;
Comme celui du tapissier,
Les descendants du pâtissier
Sont les dignes fils de leur œuvre.

Aux Boulonnais leurs bons parents
Vendaient des gâteaux restaurants
Et pas chers, ils étaient tartistes !
Pour débiter l'alexandrin
Les fils sortirent du pétrin,
Mais tous deux demeurent artistes.

Artistes puissants, convaincus,
Toujours luttant, jamais vaincus,
Aussi palpant plus de galette
En un an que feu leur papa
Sur son comptoir n'en découpa
En une existence complète.

(1) Les clichés d'artistes ont été gracieusement prêtés par M. Martin, auteur de
Nos Artistes, Auteurs dramatiques, Peintres et Sculpteurs, etc.

On ne compte plus leurs succès ;
Partout, chez Sarah, au Français,
Quand on lit leur nom sur l'affiche,
On ne songe plus qu'aux acteurs,
Et de la pièce et des auteurs
Le bon public se contrefiche.

Constant aime à conférencer,
En chaire il pourrait professer,
C'est un excellent pédagogue ;
Pirouette improvise un peu,
Mais il se garde du grand jeu
Pour s'arrêter au monologue.

Lié jadis au grand tribun,
Constant depuis a toujours un
Ami puissant au ministère ;
Cadet Ernest porta le sac
A Buzenval et, sur son frac,
A la médaille militaire.

Je connais plus de cent portraits
De Constant, son nez et ses traits
Ne sont pas ceux de tout le monde ;
Plus que celle de Jéricho
La trompette de Cyrano
Est populaire au Nouveau-Monde.

Pour patronner certain Kina,
De Cadet, sur les murs, qui n'a
Pas admiré la large trogne ?
Si j'étais sculpteur, je voudrais
Fouiller sa tête, j'en ferais
Une pipe en bois de Boulogne;

Ou, mieux encor, de Calembour,
Un bois qui semble inventé pour
La frimousse de notre mime,
Bien que découvert par Hugo
A l'usage d'un hidalgo
Et pour les besoins de la rime.

Sans attendre que ses aînés,
Père et oncle, soient moissonnés,
Jean est entré dans la carrière
Et, sur leurs traces, d'un tel pas,
Le gaillard marche qu'il n'est pas
Resté bien longtemps en arrière.

Saluons les trois Coquelin
Qui savent du grand Poquelin
Interpréter les purs chefs-d'œuvre ;
Comme celui du tapissier
Les descendants du pâtissier
Sont les dignes fils de leur œuvre.

Au Maître Paysagiste Harpignies

In dot avoir à cœur el métier qu'in exerce.
Ch' n'est point pou mépriser les imployés d' commerce ;
Mais faut dir' qué l' destin s'étot rud'mint trompé
In faisant d'Harpignies d'abord un imployé.

Quoi ! ch' l' infant d' Valincienn's eun' des meilleur's cervelles
Pass'rot sa vie à vindr' des cordiaux, des bertielles ?
Ah ! mais non, comm' li-mêm' sait l' raconter si bin,
Harpignies possédot el « bruant du dessin ».

Ch' l' hurion il taquinot aussi pou la musique,
Si bin qu'à ses trente ans i-abandonne l' boutique
Pou juer l' violoncelle et manier les pinceaux,
« Scier sur eune armoire et fair' des biaux tableaux. »

Es' sœur l'incouragea, continte d' l'avinture,
Et l'artiss' put s' donner intièr'mint à l' peinture.
Queu bonheur pou li-même et pour nous queul honneur !
In rapp'lant ces souv'nirs, comme in chérit s' bonn' sœur !

I n'est jamais trop tard ed bin fair' comme in pinse !
Et ch' n'est qu'à cinquante ans qué l' premièr' récompinse
All' li fut décernée au Salon. Pis, succès !
Il eut l' médall' d'honneur eun' trentain' d'ans après !

Oh ! comme il a bin fait ed suivr' cheull' bell' carrière
Pou dévénir el peintr' dont la France est si fière !
Qu'in est contint d'avoir Harpignies parmi nous,
D' li d'viser, — au bon maîtr' qui sait plaire à tertous !

Tout cha ch'est bel et bon mais faut vir ses ouvrages.
Faut vir ses biaux tableaux, faut vir ses paysages !...
Comme il peint la natur', surtout comme i saisit
Les horizons lointains qui vont t'qu'à l'Infini.

L' comarat' Theunissen, el bon estatuaire,
A fait l' portrait in quên' du peintre octogénaire.
Bravo ! car Harpignies, el maîtr' tant vénéré,
Nous rest' toudis superb' comme l' quên' del forêt.

Les ouverriers mineurs tienn'nt aux arts comm' tout autes.
Ils sont fiers d'Harpignies, leu cher compatriote.
Ils ont toudis eun' belle et larg' plach' dins leu cœur
Pou les vaillants artiss', — leus aut's frèr's in labeur...

Armontés du tro d' fosse ils oubli'nt leus souffrances
In saluant l'z-artiss' ces bell's intelligences
Qui grâce à leus efforts et l'incessant traval,
Sav'nt-té nous fair' connaît' des trésors d'Idéal.

L'éloge d' l'ouverrier cha dot plaire à l'artisse :
Ch'est si bon qu' dins s' pays insanne in fraternisse !
Aussi nous saluons avec joi' l' vieux doyen
D' l'Ecol' valenciennois' ! si belle à tout momint.

Beaucop d' mineurs ont vu l' biau musé' d' Valinciennes,
Ils connott'nt Harpignies par el délicieuss' scène
Des pétiots écoliers in train d' voler des pons
Quand l' gard' champête acqueurt pou surprint' les fripons...

L' Temps, qu' nous pouvons armettre au fouftier gard' champête,
Pass' comm' s'il arot pris del pourett' d'escampette.
Mais la gloir' d'Harpignies, qui n' peut qu' s'éterniser,
Rest'ra, comme l' gamin, tout in haut du pommier !

JULES MOUSSERON,
Ouvrier mineur,
Officier d'Académie.

La Musique dans le Nord

DU XIVᵉ AU XVIᵉ SIÈCLE

ntre le *Jeu de Robin et de Marion* et l'opéra
italien qui pénètre en France vers le milieu
du xvIIᵉ siècle, d'illustres musiciens floris-
saient dans notre région du Nord. Cha-
noines, maîtres de chapelle, chantres, voire
même simples clercs, ils s'épanouissaient
dans les stalles du chœur, à l'ombre des
arceaux de nos vieilles basiliques.

Nés dans les provinces du nord du duché de Bourgogne, ils avaient
fondé dans notre région septentrionale une remarquable école de
musique, l'Ecole Franco-Flamande. Ces merveilleux compositeurs
sont les vrais créateurs de la musique moderne. Ils ont pris l'harmonie
primitive du *déchant* aux Hucbalde, aux Francon, aux Guy d'Arezzo ;
ils l'ont perfectionnée de toute la splendeur de leur génie ; puis, s'épar-
pillant dans l'Europe du Moyen-âge à la suite de leurs protecteurs
Charles le Téméraire, Charles VIII et Louis XII, pendant les guerres
d'Italie, ils ont apporté la bonne semence musicale aux peuples,
secouant la barbarie première. Ces initiateurs de l'art moderne furent
Dufay et Binchirs, les créateurs de l'Ecole Flamande de Musique,
Oneghem, qui fonda l'Ecole Française, Tinctoris, qui apprit l'harmonie
aux Napolitains, Josquin de Près, à qui l'Ecole Romaine est redevable
de ses plus grands génies, Willaert, dont dépendent les compositeurs
de l'Ecole Vénitienne, Goudimel, un de leurs plus brillants élèves, qui
fut le maître de Palestrina, Agricola, qui vécut en Espagne à la cour
de Philippe d'Autriche avant la naissance de Moralès et de Vittoria.
Cyprien de Rore et le plus illustre compositeur du xvIᵉ siècle, Roland
de Lassus.

Ces grands artistes virent le jour dans une région que les traités
politiques ont scindée en deux nations qui ont conservé les mêmes
usages et presque le même idiome. Ils ont été les rameaux puissants
sur lesquels s'est épanouie, plus tard, la fleur de la mélodie italienne.
Ils sont les maîtres de l'art au moyen-âge, et c'est la raison pour
laquelle, dans cette manifestation septentrionale, nous avons pensé
que leur nom glorieux ne devait pas être oublié.

F. de Ménil.

TABLE DES MATIÈRES

TABLE DES ILLUSTRATIONS

www.ingramcontent.com/pod-product-compliance
Lightning Source LLC
Chambersburg PA
CBHW070636100426
42744CB00006B/707